Sabine Lichtenfels

Pedras de Sonho

Viagem à Era da Realização Sensual

Sobre o livro: a visita a um cromeleque megalítico com aproximadamente 7000 anos localizado em Portugal, é o ponto de partida para uma viagem de descobertas invulgares até uma "utopia primordial" que, hoje em dia, poderia servir como base para a formação de uma cultura humana. Surge a imagem fascinante e quase completa do auge de uma cultura arcaica que predominou durante pelo menos 2000 anos em muitas partes da Terra e, só foi destruída por volta de 5000 a.C. Uma longa sucessão de «coincidências» e de circunstâncias, de indicações, de sonhos e intuições mediúnicas é a base para esta obra.

Primeira Edição
© 2011 Verlag Meiga GbR
Monika Berghoff • Saskia Breithardt
Waldsiedlung 15 • D-14806 Belzig
Tel. +49 (0) 33841 30538 • Fax: +49 (0) 33841 38550
info@verlag-meiga.org • **www.verlag-meiga.org**

Traduzido do alemão por António Quinhones Hall
Revisto por Oriza Curado and Rui Braga

ISBN: 978-3-927266-36-0
Foto da Capa: Alexandre K. Oliveira
Designer: Juliane Paul, Mena Vieira
Impressão: Lightning Source Ltd. UK/USA

ÍNDICE

Prefácio . . . 7

Capítulo I

Nota Prévia . . . 17
A Descoberta . . . 21
O Cromeleque . . . 28
As Pedras Respondem . . . 33
No Princípio Era o Sonho . . . 42
Magia Feminina . . . 53
A Utopia Concreta . . . 62
Na Fonte Primordial . . . 71
Um Modelo Primordial da Comunidade Humana . . . 82

Capítulo II

Nota Prévia . . . 99
A Vida dos Antepassados e a Construção do Cromeleque . . . 102
O Sonho na Pedra do Oráculo . . . 110
O Encontro Arquetípico com uma Rapariga de Doze Anos . . . 114
O Conselho dos Sábios e a Pedra da Cura . . . 121
Os Filhos das Estrelas . . . 126
O Reino das Plantas e das Crianças . . . 134
A Ligação com as Almas Animais . . . 140

Os Guardiões do Limiar do Templo do Amor	148
Doutrinações no Amor Sensual	153
A Iniciação dos Rapazes no Mundo Erótico	161
A Dimensão Profissional e a Estação Emissora	167
A Dimensão do Ancião, da Morte e da Reincarnação	173

Capítulo III

Nota Prévia	183
Como Surgiu o Mal no Mundo?	184
O Sonho do Amor Pessoal	190
Como o Ser Humano Começou a Separar-se de Nammu, a Criadora dos Mundos	197
O Fruto não Era Proíbido, mas Comeram-no Demasiado Cedo	211
Longa Caminhada	224
A Tarefa	234
Palavras Finais	239
Bibliografia	245
Considerações Finais	247
Livros Recomendados	249

Prefácio

O presente livro é o relato de uma descoberta invulgar. Numa viagem a Portugal, a autora visita o cromeleque nas proximidades da cidade de Évora no Alentejo. Este cromeleque é um dos vestígios mais bem conservados do Neolítico, erigido cerca de 5000 anos a.C. É, portanto, substancialmente mais antigo do que Stonehenge e outros locais conhecidos de culturas megalíticas. No cromeleque, através de intuições mediúnicas, a autora tem acesso a uma rede de informações de tempos remotos, recebendo mensagens e imagens da cultura tribal que criou o cromeleque. Com uma precisão invulgar, ela obtém conhecimentos sobre a memória do mundo, a chamada «crónica do Akasha» da evolução e da história humanas. É iniciada uma viagem de descoberta que vai muito para além do significado local do cromeleque. Através de uma longa sucessão de «coincidências» e de circunstâncias, de indicações, de sonhos, de transes e de encontros, surge a imagem fascinante e quase completa do auge de uma cultura arcaica. Esta predominou em muitos locais da Terra durante pelo menos 2000 anos, mas provavelmente muito mais, e apenas 5000 a.C. teve de ceder a uma cultura bastante inferior com a invasão dos chamados *povos Kurgan*. Podemos avaliar esta afirmação extraordinária como quisermos – como facto histórico, como projecção de uma paisagem emocional interior, como memória pré-histórica ou até como visão de uma futura sociedade universal – porém não podemos negar a sua lógica interna e coerência. Este pode efectivamente ter sido o aspecto de uma civilização altamente desenvolvida. E mais: se de facto tiver existido este modelo de uma existência humana não violenta, se durante milénios ela tiver sido real na Terra, então sabemos que a visão de uma futura sociedade livre de violência é mais do que um mero sonho. As atrocidades que o ser humano cometeu em todo o planeta durante os últimos cinco mil anos de História, deixam de ser uma lei eterna; a guerra e a violência deixam de ser constantes universais e passam a ser apenas estatísticas ao longo da existência humana; a possibilidade de um mundo livre de violência começa a ser uma realidade palpável. A descoberta de culturas pacíficas e matriarcais que nos são descritas nas obras de Maria Gimbuta, de Riane Eisler, de Heide Göttner-Abendroth e de muitos outros, alcançam assim um conteúdo e uma proximidade de tal modo realistas, que olhamos para a nossa própria época a partir de uma perspectiva completamente nova e nos interrogamos profundamente como foi possível surgir uma alienação e esquecimento tão cruéis. Essa é talvez a impressão mais marcante durante a leitura do livro: a de nos encontrarmos numa fonte real da nossa vida, numa fonte que é sempre válida por fazer parte da natureza universal do ser humano. Nós coincidimos com a matriz de uma ordem universal, acima de qualquer contexto histórico da sociedade humana. A autora menciona aqui uma *utopia primordial*. Esta está inserida em forma de realidade latente e como uma possibilidade ainda não realizada, mas possível, no processo da história humana. Este é o *conteúdo utópico* intrínseco que Ernst Bloch atribuiu à humanidade em desenvolvimento.

Quando somos colocados perante uma imagem tão avassaladora e nova de um ponto de vista histórico, coloca-se uma questão insistente: quão realista, quão confiável, quão *objectiva* é esta imagem? Estaremos a ver aqui uma realidade histórica – ou será «apenas» uma projecção genial da autora? E, sendo uma projecção, será que está mesmo isenta de realidade – ou será que durante a criação do mundo espiritual existe um nível, onde a projecção e a realidade possível convergem e onde, por conseguinte, uma projecção apenas é possível por esta corresponder a uma realidade efectiva ou latente? As informações que resultam deste livro dão a entender que nem seria possível existirem imagens e visões com tamanha profundidade, se não existissem os respectivos esboços e modelos, independentemente de já terem ou não sido realizados. O modelo social aqui descrito é, em todo o caso, um esboço ou uma matriz para uma vida em conjunto harmoniosa e realizável entre o ser humano, a natureza e o universo.

Neste ponto tenho de chamar a atenção para o facto de a autora ter trabalhado durante muitos anos como médium e de ter adquirido um longo treino com o trabalho com sonhos, transe e outros métodos de recepção mediúnica que actualmente são englobados sob «channeling», uma designação um tanto ou quanto em voga. Ela encontrava-se em formação permanente e aprendeu a percepcionar a voz interior de uma forma tão precisa como a exterior. Imagens espirituais interiores e factos exteriores entrelaçam-se como dois aspectos provenientes do mesmo contínuo criador. Pedras são objectos materiais com um peso e uma substância específicas; mas são igualmente forças espirituais simbólicas e portadoras de informações com um efeito elevado se a nossa consciência estiver sintonizada com elas na frequência certa. A autora tem uma longa experiência na leitura simultânea em ambos os livros da vida, o interior e o exterior, e de revelar e compreender os dois lados do filme da realidade. Por essa razão o acontecimento no cromeleque não a surpreendeu totalmente. Há muito que a autora estava familiarizada com a possível existência de algo como uma *arqueologia espiritual*, que nos fornece informações sobre a nossa origem histórica. Agora, assim me parece, foi incumbida pela Deusa para estender as suas antenas mediúnicas e para dar estes passos tão invulgares, de modo a reconstruir uma imagem histórica, cuja realidade – seja esta histórica e/ou espiritual – poderia apoiar imensamente os nossos esforços por uma forma de vida não violenta. Tive oportunidade de acompanhar à distância esta viagem de descoberta e de perguntar todos os pormenores de que precisava para obter uma imagem. Seguramente não tenho inclinação para mistificações, mas aqui estamos perante uma força orientadora divina, aqui houve mais do que apenas o interesse de uma vontade humana privada em transmitir uma verdade abrangente da nossa existência histórica. Temos agora mais uma fonte para a criação de novos espaços de vida e temos mais um argumento essencial para a nossa crença num futuro não violento. Eu agradeço ao Universo por esta mensagem.

A segunda afirmação fundamental diz respeito ao surgimento do mal na história e na criação do *pecado original*. Este está estreitamente relacionado com a sexualidade – como tudo na história do ser humano. A autora encontrou aqui uma pista autêntica que penso ser necessária para a futura investigação histórica. Os processos do desejo sexual, tal como são aqui descritos entre Manu e Meret, são na verdade não apenas os mecanismos entre duas pessoas isoladas, um homem e uma mulher, mas sim processos de campo históricos nos quais todas as tribos existentes na época estiveram mais ou menos envolvidas, durante um período de várias centenas de anos. A autora não inventou estes mecanismos – nem é possível inventar tal coisa – mas estes foram-lhe transmitidos por acontecimentos especiais e através das descobertas da sua viagem histórica. Quem a lê, sente a lógica interna e a consequência da sua evolução. Foi o poder do desejo sexual de ambos os sexos que os levou a ultrapassar as fronteiras da sua antiga ordem tribal religiosa e a transgredir as leis sagradas da Divindade-Mãe. Assim começou a *queda do ser humano para fora da criação*. Se seguirmos com atenção a história deste *pecado original*, sentimos tanto interesse e compreensão para com os envolvidos – para não dizer simpatia – que dificilmente lhes podemos atribuir uma culpa. Este episódio não envolve intenções más ou até cruéis, no entanto, compreendemos espontaneamente a lógica interna com a qual surgiu a subsequente cadeia de violência e de medo deste acontecimento, que durante muitos milénios marcou a nossa história. A guerra sexual que grassou durante toda a época patriarcal e que durante a Inquisição cristã levou as mulheres à beira do seu extermínio físico, continua, de uma forma mais moderada, até hoje; os meios de comunicação social, os filmes e os jornais estão repletos desse conflito. A guerra dos sexos apenas poderá ser ultrapassada, se voltarmos de consciência aberta aos locais históricos e mitológicos onde surgiu, e a partir daí voltarmos a inserir o tema da sexualidade na ordem universal da nossa existência. A «utopia primordial» que a autora descreve como sendo culturas tribais altamente desenvolvidas do neolítico, mostra a visão e a direcção desta libertação. É a libertação de ambos os sexos e o ultrapassar abrangente do beco sem saída patriarcal.

A questão do pecado original na História é tão antiga como a própria investigação histórica. Como surgiu o mal no mundo? De certa forma, não existe ser humano sério que possa furtar-se a essa questão, dada a infinidade de crueldades na História. Psicólogos, etnólogos, teólogos, biogeneticistas e filósofos andaram às voltas com esta questão e apesar disso não encontraram nenhuma resposta satisfatória. Foram responsabilizadas as condições de vida extremas durante os períodos glaciais, e depois as novas estruturas sociais e ecológicas inerentes às emergentes actividades do cultivo da terra e da criação de gado, depois as condições genéticas da evolução, no sentido em que a violência elaborada já proporcionara uma vantagem evolucionária no reino animal. Os fisiólogos suspeitam pura e simplesmente de um defeito no cérebro humano. Até certo ponto até faz sentido, mas não é suficiente, porque com estas explicações não penetramos a região interior, onde o assunto se torna claro e evidente; falta qualquer coisa. A par de todas as condições externas, devem ter sido acontecimentos internos os causadores do trauma decisivo, acontecimentos de âmbito sexual ou de âmbito religioso ou até de ambos, porque ambos compõem a vida interior do ser humano. Vivemos num mundo masculino sob um ponto de vista histórico masculino. Deste modo faltam as fontes que poderiam ajudar-nos a obter uma visão mais profunda nesse interior. Que o pecado original da humanidade possa ter sido um acontecimento sexual, é-nos transmitido, com efeito, desde a história de Adão e Eva no Antigo Testamento, mas precisamente numa forma masculina, que é inimiga da sexualidade e despreza a mulher. Aí, Eva, a serpente e a sexualidade são sinónimos do pecado original. Essa é uma mitologia masculina e uma interpretação masculina, nunca feminina. Existiram ainda outras tentativas de explicar o pecado histórico com acontecimentos sexuais. A lenda da horda primitiva de Sigmund Freud conhece inteiramente o poder da sexualidade, mas ainda não conhece as estruturas da história primitiva, ainda não conhece sobretudo a existência de culturas arcaicas altamente desenvolvidas, nas quais as mulheres detinham o poder religioso e sexual. Assim sendo, também Freud apresenta a sua interpretação de um ponto de vista masculino e parcial. O caso de Wilhelm Reich já se torna mais interessante. No seu livro *A Irrupção da Moral Sexual Repressiva* este questiona as razões económico-sexuais dos nativos das Ilhas Trobriand, uma cultura dos Mares do Sul descrita por Malinowski, estabelecendo uma relação muito plausível entre a manutenção dos bens económicos e a crescente ordem sexual repressiva.

Se conseguirmos abranger todas essas tentativas de explicação, sentimos quantas componentes se encontram do ponto de vista histórico para, finalmente, conduzirem àquela forma de repressão feminina e negação sexual com que nos deparamos em quase todas as culturas e religiões patriarcais. Também na recente investigação histórica feminina, tal como por detrás de todos os factores que podemos indicar como causa da revolução patriarcal, se sente que está a acontecer uma mudança fundamental nas relações entre os sexos. O sexus é um princípio criador de todas as coisas humanas. Não é possível entender nem o que é humano, nem o que é histórico, se a sexualidade como área central não for encarada como sendo um princípio co-causador. O presente livro lança uma nova luz sobre os motivos sexuais ocultos da história. Começamos a compreender a história da humanidade como sendo a nossa própria história, porque é o nosso próprio tema, cuja vibração até hoje nos acompanha em cada respiração e em cada emoção, que aqui encontra finalmente uma apresentação. Tornamos a reconhecer esta relação extremamente profunda entre Eros e religião que nos leva impreterivelmente até um novo caminho de cura. Por isso, agradeço à autora, agradeço à Deusa que a acompanhou durante todo o percurso e agradeço a todas as energias espirituais por estas mensagens de uma nova arqueologia espiritual.

Sabine Lichtenfels é a directora da Escola para o Conhecimento de Paz Feminino em Portugal. Aqui existe desde há alguns anos um centro de investigação e de ensino para todas as questões de uma formação cultural não violenta. O novo conceito de investigação exige, entre outras coisas, uma nova visão da História e um novo olhar sobre todo o tema da cura. Aquilo que é investigado não é a ciencia académica, mas antes os fundamentos teóricos e o conhecimento necessário para a construção de *biótopos de cura,* a partir dos quais poderia advir uma sociedade pós-patriarcal. Sabine Lichtenfels dirige o departamento de *Arqueologia espiritual.* Num grupo de investigação próprio ela trabalha um projecto de vários anos acerca das fontes matriarcais e espirituais da nossa cultura. O presente livro constitui um resultado intermédio desse trabalho. Como vemos, há muito que não se trata apenas de Portugal, mas de temas fundamentais da nossa história, da nossa origem e do nosso futuro. Creio que este livro irá ajudar efectivamente a olhar duma nova maneira a nossa situação como homem, a nossa situação como mulher e a nossa situação como seres humanos na História e de não o religar aos erros inacreditáveis da época patriarcal. Desejo a todas as leitoras e leitores deste livro um abençoado desassossego.

Tamera
Dieter Duhm

I

Nota Prévia

Antes do meu primeiro encontro com o grande cromeleque, andava à procura de um terreno para a concretização de um modelo cultural há muito planeado e preparado. Nessa demanda encontrei por acaso o cromeleque. No entanto, tive impressões e indicações que não podia deixar de considerar e que me levaram cada vez mais por caminhos espirituais, a investigar profundamente o cromeleque. O encontro com o cromeleque influenciou profundamente o meu trabalho prático e de investigação espiritual posterior. Já há muitos anos que, como teóloga de formação, trabalhava na área da espiritualidade e da investigação religiosa. Nos últimos anos, ocupava-me cada vez mais profundamente com as fontes da religiosidade feminina. No entanto, até essa altura tinha muito pouco a ver com a «pré-história» ou quaisquer áreas temáticas da arqueologia. Familiarizara-me com o trabalho mediúnico, a investigação do sonho e a meditação da luz como fontes de informação. Os transes de reincarnação também não me eram desconhecidos. No entanto, fui apresentada a uma espiritualidade experienciada e viva para mim que até então desconhecia, através do encontro com o cromeleque. Chamo-lhe a *Espiritualidade da Terra*. Posso dizer também que entrei directamente em contacto com a forma da deusa. A própria Terra é-nos apresentada sob a forma divina, sagrada e animada, sendo experienciável na sua dimensão divina e em diversos aspectos com os quais podemos estabelecer contacto. Abriu-se a possibilidade de comunicar de forma elementar e directa com todos os seres vivos. Abriu-se também, através do cromeleque, um olhar sobre uma espécie de forma final interior a que chamo de «forma entelequial», que cada pessoa trás em si e com a qual podia na realidade estar permanentemente em contacto. Encontrei, ligada a esta forma final, novas perspectivas para o modo de existência das pessoas, para uma vida protegida e para uma nova forma da comunidade humana. A religiosidade que me foi transmitida não é uma religião tal como a conhecemos. Não é uma religião para reconfortar e não deve ser procurada no além. É uma religião de criação. A religião é a própria vida. Não precisa de milagres uma vez que toda a vida, as suas leis e segredos, são o próprio milagre.

Esta "visão" tornou-se-me muito familiar através do cromeleque. Após longas investigações em transe, sonho e meditação entrei em contacto com uma memória pré-histórica que está reunida no cromeleque sob a forma de informação. Surgiu-me em palavras e imagens claras a vida de uma tribo primitiva e o sonho primordial de Nammu, o nome da Terra e da deusa nesses tempos. Vi diferenciadamente e em pormenor uma existência pré-histórica, um sonho de criação original e a vida concreta altamente desenvolvida de uma tribo nómada.

O cromeleque transformou-se num símbolo de uma sociedade funcional e não violenta. Representava uma memória biocósmica, um código biogenético com o qual é possível convocar a sabedoria da cura, a sabedoria da Terra que foi conscientemente transmitida à posterioridade através da colocação das pedras. Este conhecimento é supratemporal e é realmente de grande utilidade para dar resposta relativamente às questões sobre uma forma de sociedade humana e de futuro.

Constatei que no cromeleque podíamos encontrar respostas a vários níveis consoante o nível em que, nesse momento, se encontra aquele que se questiona.

Refiro-me à *utopia pré-histórica* porque as visões tidas eram referentes a um passado pré-histórico e enquanto visão real, apresentam um futuro possível e desejável que, no entanto, até agora é pura utopia. Falo de utopia para evitar discussões muito antecipadas acerca de ser de facto real, ou de ser possivelmente bastante diferente.

Refiro-me a utopia no sentido de Ernst Bloch e o grande *Nondum* ("ainda – Não") da História. Efectivamente, não posso provar com objectividade nada daquilo que vi e experienciei, mas eu própria experienciei estes contextos como extremamente evidentes. *

Em concreto, à medida que fui investigando determinados sonhos ou visões, foi crescendo a suposição de que a minha visão era mais do que uma utopia e que se podia ligar a factos históricos reais. Assim, procurei e encontrei lugares com os quais tinha sonhado, ou que vira à minha frente nos meus transes. Neste sentido, o trabalho neste livro levou-me também a uma viagem a Malta, fornecendo-me confirmações espantosas das minhas visões. Encontrei pormenores e figuras que me tinham aparecido em sonho nos bairros do templo em Malta. Esperam-me ainda outras viagens, para as quais fui interiormente chamada no cromeleque. De modo consequente levar-me-iam a Creta, ao Egipto, a África, em particular para a Núbia e para Eritreia, mas tinha também de viajar para o Dogon em África, para a Índia e para o Tibete. Ainda não consegui realmente fazer estas viagens, mas encontrei indicações e paralelos espantosos ao consultar os mais diversos livros. Também encontrei confirmado em livros parte dos nomes que me foram fornecidos nas minhas viagens de sonho. Assim, por exemplo, li num dicionário que Nammu era venerada na Suméria como deusa imemorial.

No final do livro, apresentamos aos leitores interessados em história, uma bibliografia especial com títulos que dão indicações acerca do paralelismo histórico que de facto existe com as civilizações não violentas descritas por mim.

O presente livro foi-me, por assim dizer, "solicitado". Num capítulo próprio descrevo como é que isso sucedeu.

* É um processo de criação excitante interessarmo-nos por um passado do qual vimos de bom grado. A ideia de que um passado desejável também pode influenciar um futuro desejável é filosoficamente muito interessante.

O livro divide-se em três partes que podem ser lidas independentemente umas das outras. A Parte I descreve os meus primeiros encontros com o cromeleque em Portugal, as minhas experiências paralelas e decisões. O contacto com o cromeleque cunhou decisivamente os meus passos na construção de *Tamera*, um grande modelo de comunidade em Portugal. As experiências no cromeleque foram cruciais para algumas das decisões tomadas.

A segunda parte descreve exaustivamente, tal como se me apresentou após frequentes questões, o cromeleque e a vida da tribo nele representada. Recebi informações exaustivas acerca da questão do nascimento e gravidez, do crescimento das crianças, sobre a juventude e a ancianidade. Recebi um olhar sob a vida em conjunto com animais e plantas, as estruturas sociais e os delicados rituais da vida amorosa erótica.

Surgiu-me, através destes conhecimentos, uma imagem cada vez mais exaustiva daquilo que a vida, presentemente, numa forma transformada e actualizada podia ser também para nós se, novamente e de acordo com a nossa própria forma de existência, desenvolvêssemos formas universais de sociedade, se estivesse intacta a função da comunidade natural, se o início na vida erótica decorresse de modo "orgânico" e fosse acompanhada por adultos experientes.

Pude também aceder à imagem de uma religiosidade elementar e imediata que encara a própria vida como sagrada e não procura a salvação no além. Uma religiosidade que venera o carácter sagrado da vida e, por isso, o integra na existência quotidiana. Pude experienciar o quão diferente seria a nossa vida se desaparecesse o medo da morte e se conseguíssemos, novamente, encontrar o sentimento da intimidade no cosmos. A visão de uma tal possibilidade fortaleceu a minha compreensão de quanto a vida é desafeiçoada nas nossas culturas ocidentais.

A Descoberta

Em Fevereiro de 1994 fiz uma viagem a Portugal com o meu amigo Paul com quem, desde há alguns anos, preparava os meus projectos. Nessa altura, tinha 39 anos e estava novamente num ponto de recomeço, muito decidida a criar uma nova perspectiva para a minha vida. Estava à procura de um terreno apropriado para a concretização de um sonho há muito acalentado, uma povoação pioneira para investigadores do futuro. Queria organizar um evento para onde pretendia convidar cientistas, artistas e pioneiros. Tinha como objectivo descobrir se Portugal era um país apropriado para a concretização do meu sonho, o sonho de uma utopia concreta. Já tinha este sonho desde o início dos meus tempos de estudante e, apesar das inúmeras dificuldades encontradas pelo caminho, não estava ainda preparada para o abandonar. No ano anterior, com diversos cientistas da América organizámos um evento sobre o tema da cura ecológica global. Para o efeito, tínhamos encontrado na costa leste um local maravilhoso e queríamos agora mobilizar fundos e pessoas para, caso fosse possível, comprar esse local. Para verificar se era realmente o local certo para uma perspectiva de vida a longo prazo, decidíramos organizar um segundo evento nesse lugar. O aumento da violência na Alemanha, a despolitização das pessoas, o seu excessivo pensamento de consumo e, nitidamente, a sensível viragem à direita tinham-me, desde há alguns anos, motivado a procurar um local fora da Alemanha. Por esta razão, o meu caminho acabava por me levar sempre para Portugal dado que este me pareceu ser o mais adequado dos países europeus para o nosso propósito. Paul e eu tínhamos desta vez, exactamente, duas semanas para a concretização dos nossos planos, a seguir seria o voo de regresso a Lanzarote onde vivia nessa altura.

Já nos ocorrera que ao passarmos a fronteira de Espanha para Portugal, rodeava-nos sempre um clima humano completamente diferente. Era como se ao atravessarmos a fronteira fluvial do Guadiana deixássemos também a Europa para trás. Não eram os heróis masculinos – que tratavam as mulheres um pouco depreciativamente, como estamos muitas vezes habituados nas terras do sul – que aqui encontrávamos, mas homens extremamente serenos e calmos que em toda a parte tratavam as mulheres com especial respeito e atenção. Geralmente, quando estávamos no café para tomar uma bica, o empregado não trazia a conta ao homem, mas a mim. Pode parecer estranho, mas em todo o Portugal, excepto talvez nas grandes cidades, nunca ouvi um dito chauvinista. Quando entrávamos em igrejas mais pequenas encontrávamos altares com as mais diversas figuras femininas. A maior parte das igrejas chamavam-se *Nossa Senhora* e pareciam não faltar mulheres dignas de adoração. Particularmente usual era a adoração da *Nossa Senhora de Fátima* ou também de *Guadalupe*. Jesus parecia desempenhar aqui um papel secundário. Em algumas igrejas nem se encontrava. Na sua maioria, as instalações tinham algo de lúdico, quase infantil. Apesar de Portugal ser considerado um país católico, apesar dos primeiros cristãos se terem mudado já em 60 d.C. para Portugal e de a religião cristã ter sido aqui introduzida sob o império de Constantino, Portugal pareceu-me tudo menos um país cristão ou católico. Apesar de todas as guerras e conquistas manteve-se aqui, inequivocamente, um espírito matriarcal, um aspecto que me liga de um modo particularmente íntimo a este país. O amor a este país aumentou a cada visita. Nitidamente, a minha orientação interior enviou-me a Portugal para a procura de um terreno. E no entanto, deparámo-nos com inúmeros obstáculos exteriores surpreendentes. Assim, decidimos parar por um dia a procura intensiva de um lugar e fazer uma excursão pelo interior do país.

Debaixo de um céu cinzento e por estradas estreitas muito esburacadas, conduzimos calmamente em direcção a Évora, uma cidade medieval no coração de Portugal. Pareciam existir, particularmente nessa região, diversos locais históricos.

Durante a nossa viagem reflectimos sobre a história, o progresso e a evolução. Estávamos a especular sobre a questão da criação do ser humano e a sua história. Estávamos a considerar a hipótese segundo a qual desde tempos primordiais existiam culturas espirituais muito desenvolvidas, que atingiram o seu auge e, subitamente, desapareceram sem deixar rasto.

Divertíamo-nos com a ideia dos vestígios que a nossa cultura poderia deixar, vestígios que não se apagariam tão facilmente. Seria possível encontrar o plástico indestrutível até daqui a alguns milénios, ou os *chips* de computador, dando que pensar para que fim teriam servido.

Paul era serralheiro de automóveis. Amava o motor Mercedes e a sua inegável qualidade. Tinha uma relação forte com todas as coisas materiais e tinha com os motores uma relação semelhante à que tinha com as mulheres. Para que isto não seja entendido de um modo chauvinista, tenho de acrescentar que amava e venerava as mulheres. Definia-se a si próprio como o contrário de uma pessoa espiritual, mas gostava de filosofia e de história. Era já uma singularidade que, precisamente ele, me acompanhasse nas minhas viagens espirituais: um materialista e uma teóloga. Ele era já há alguns anos o meu companheiro na realização de diversos eventos. Tínhamos uma relação amigável com ocasionais discussões arrebatadas e um amor sensual florescente. Foi justamente isso que se revelou uma complementaridade adequada para a realidade. Quando um de nós exagerava demasiado na sua visão do mundo, o outro era sempre o equilíbrio corrector.

Falávamos acerca da nossa cultura ser a mais perversa e inimiga da vida desde há milhares de anos. Talvez só culturas descontentes deixassem tantos vestígios. Toda a tecnologia, a construção de máquinas, redes de estradas, edifícios gigantescos, tudo igualmente perverso como fora já no tempo dos Romanos. No fundo, era incompreensível que as forças da destruição já existissem desde tempos imemoriais. Em breve, não existiriam mais povos primitivos porque o ser humano moderno, com a sua mania do progresso, conseguiu destruir quase todos os elementos que ainda estavam ligados a outras culturas e hábitos de pensamento. Em breve, tudo estaria submerso num *admirável mundo novo,* mover-nos-íamos entre a Disneylândia e o McDonald's e o resto da experiência de vida do mundo poderíamos ir buscá-lo aos cinemas. Que razão existe para crer que algum dia o ser humano se imponha, isto é, que seja possível concretizar algum futuro digno da vida e digno do amor? Às vezes podia suceder que o instinto de destruição no ser humano fosse muito maior do que o instinto de sobrevivência. Nos anos setenta, acreditávamos ainda que podíamos escapar a esta cultura. Imaginámos emigrar com amigos e que então tudo seria já diferente. Até que com o decorrer dos anos se tornou claro que nada se modificaria se não preparássemos uma revolução interior. De outro modo, independentemente do lugar onde vivesse, o ser humano seguiria sempre os mesmos padrões de pensamento e de comportamento: tecnologia de ponta na guerra, na economia e na tecnologia; e neandertal no amor. Talvez os neandertais fossem até mais inteligentes do que nós.

Seria o nosso sonho de uma vida mais livre num país simples apenas uma fuga da realidade? Não nos foi poupada a desilusão. Também no abençoado Portugal existia burocracia. Claro que já tínhamos desconfiado disso. Não esperávamos com a passagem da fronteira chegar directamente à terra prometida mas porquê que, logo de início, tínhamos de enfrentar tantos obstáculos? Em todo o caso, tinha de constatar que se tinha reunido, contra a minha orientação interior, a obstinação. O chamado *Eu Superior* bem podia falar. Não conhecia as muitas dificuldades materiais que permanentemente se apresentavam. Chegáramos a um ponto em que a nossa vontade de concretização tinha de ser profundamente posta à prova. *"Mantém-te aberta à novidade"*, exortava no meu interior. *"O dia ainda é longo. Olha para o mundo e sente. Na procura do lugar acontece o mesmo como no amor. Assim que te fixas no teu amado já não aflui mais nenhum mundo na relação e o amor já não será livre."*

Fiz o que me era possível e contei a Paul o que ia no meu íntimo, quando o nosso carro parou diante de uma bifurcação para o centro da cidade de Évora. Decidimos ir à cidade e decidimos entrar na cidade para obter informações no centro turístico. A cidade medieval não nos pareceu particularmente convidativa para permanecer. Não nos apetecia estar no meio da confusão e das informações históricas sobre a passagem dos romanos pela cidade. Não era propriamente animador, uma capela de ossos construída com mais de 5000 esqueletos humanos, a inquisição e as fogueiras de queima das bruxas numa das muitas praças. Resolvemos visitar a cidade quando estivéssemos mais repousados, preferindo agora procurar lugares mais tranquilos.

Num folheto encontrámos indicações sobre megálitos, dólmenes e um cromeleque situado nas imediações, supostamente, pré-histórico. Há algum tempo atrás, tinha tido durante uma meditação a intuição muito clara de que existiam antigas pedras e locais pré-históricos na região de Évora, que deveria procurar sem falta porque se iriam tornar importantes para mim. Na altura, questionara amigos e conhecidos sobre esse assunto, mas estes não sabiam nada e já quase me esquecera desse episódio. Agora estava surpreendida e curiosa. Há muito tempo que queria admirar de perto um desses monumentos pré-históricos, como por exemplo Stonehenge, e agora teria a oportunidade de o fazer muito próximo daqui. Resolvemos visitar o cromeleque. Continuámos a nossa conversa amena até virarmos da estrada principal para um caminho estreito de terra batida, seguindo uma tabuleta que dizia "Guadalupe – Almendres".

Nesse momento, parámos de conversar. Entráramos numa paisagem mágica. De vez em quando, o céu encoberto abria-se um pouco e inundava todo o cenário com a luz do sol quase a pôr-se. Por todo o lado havia rochas grandes no meio dos prados como se tivessem sido ali colocadas por alguém. Em intervalos maiores, os sobreiros estendiam festivamente os seus ramos pesados para o céu e espalhavam os seus galhos sobre a Terra, como se quisessem protegê-la do calor abrasador do Verão e das chuvas torrenciais do Inverno. No entanto, apesar da forma imponente das árvores me recordar os carvalhos alemães, estas tinham um carácter muito próprio, tipicamente mediterrânico, levando a fantasia imediatamente para um país de cultura pastoril, da simplicidade, das bruxas das ervas, das festas do campo, da vastidão e da saudade.

As árvores remetiam para outra época, sentia-se que não iam viver muito mais tempo. Estavam envoltas por uma aura de tristeza e de melancolia. Sentia-se que a cultura do povo pastoril há muito se extinguira e que apenas os rostos velhos e degradados faziam lembrar os tempos passados. Encontrámos, sobretudo, idosos no campo. Também em Portugal já começara a fuga para os centros urbanos. A partir das impressões que me chegaram, foi-me difícil entender que tipo de cultura irá chegar num futuro próximo ou longínquo. Das árvores chegou-me quase como um pedido: *"Venham buscar as últimas informações que nós podemos dar antes que seja tarde de mais. Temos segredos para contar, que não estão escritos em nenhum livro, porque à nossa sombra as pessoas contavam as suas lendas, partilharam as suas merendas e transmitiam oralmente o que não podia ser dito em voz alta sob o domínio dos romanos, dos godos, dos mouros ou na época da soberania marítima de Portugal. Escutámos estas histórias durante séculos. Nós guardámos o segredo, mas já não falta muito para nos envolvermos em silêncio. Os insectos irão regozijar-se com os nossos restos mortais e construir neles as suas casas. Faz parte da nossa essência matriarcal querer ser usadas. Quando isso tiver acontecido, iremos retirar-nos."*

"Olha para ali", disse baixinho Paul apontando para a frente. Absorta nos meus pensamentos, surpreendida sobre a construção de sonhos para onde os sobreiros me tinham levado, despertei sobressaltada, vendo ao longe grandes pedras claras e erectas à esquerda do caminho. Brilhavam na luz com a humidade da chuva. Tive um sentimento de respeito como se estivesse a aproximar-me de um santuário. Era a primeira vez que me dirigia de maneira consciente para um monumento histórico tão antigo, e fiquei surpreendida com os sentimentos sagrados que estas pedras tão simples eram capazes de originar. Dentro das igrejas, já não me acontecia com frequência este calafrio sagrado porque devido ao meu estudo teológico tornara-me demasiado consciente de quanto sangue e crueldade estavam geralmente relacionados com os santuários cristãos. Particularmente como mulher não é fácil reagir nessas situações com deferência religiosa. É como se tivessem sido construídos com o propósito de nos subjugar por completo, como se através deles, a memória das nossas origens e fontes positivas e femininas tivessem de ser definitivamente apagadas. Dentro da sua monstruosidade e sacralidade encontrava-se uma vontade destrutiva muitas vezes igualmente grande.

No cromeleque a sensação foi diferente. Não havia pensamentos sobre as crueldades da história da igreja. O que me recebeu de forma tão familiar e agradável, mas também venerável foi algo de novo e, simultaneamente, conhecido desde tempos imemoriais.

O Cromeleque

No seu conjunto, o cromeleque pareceu-me muito maior do que esperava. Olhámos para os megálitos num silêncio fascinado. Encontravam-se aqui 92 pedras em círculo, ou antes, estavam colocadas em elipse sobre uma encosta, numa clareira ligeiramente inclinada para nascente, no meio de uma floresta. O local transmitia uma sensação agradável e simultaneamente solene. Em que época foram erigidos estes gigantes de pedra? Encontrávamo-nos num local de festas, local de dança ou local de oráculo? Quem erguera estas pedras e para quê? Como perduraram todos estes séculos ou milénios? Estavam ali com toda a dignidade como se fossem personalidades reais.

A chuva recomeçara e acabámos por ficar em silêncio sentados no carro. Depois, abri a porta e atravessei o ligeiro chuvisco até ao círculo. "Qual era a entrada aqui?", perguntei a mim mesma. Estranhamente, fiquei um pouco enjoada. Encontrava-me perante uma pedra grande que me observava como um guardião. "Posso entrar?" murmurei baixinho, quase infantil, dirigindo interiormente aquelas palavras à grande pedra como se pudesse falar directamente com ela. Todo o meu corpo foi percorrido por um formigueiro, como se estivesse coberta por milhares de agulhas. Era como se estivesse a ser directamente "tocada" pelos dois guardiões à entrada do santuário, semelhante à sensação que se tem junto dos golfinhos quando querem entrar em contacto com alguém. Tive a sensação de que me era permitida a entrada e de que era empurrada energeticamente para dentro do círculo. *"Presta atenção a tudo o que sentires. Quando se pretende obter informações, o local de entrada é importante"*, foi a mensagem que me chegou. Ao entrar, senti uma espécie de descarga eléctrica na zona do estômago. Primeiro o enjoo intensificou-se, depois entrei num estado muito especial de vigília de energia e leveza superiores. Alguém dentro de mim proibiu-me de fazer quaisquer comentários acerca de mim mesma. Uma vez no centro do círculo, sentei-me sobre uma pedra plana e fechei os olhos. Tive a sensação de que tudo à minha volta girava como num carrossel. No meu corpo e, em especial, na minha cabeça algo começou a pulsar. Logo em seguida fui inundada por imagens e pensamentos. Eram imagens de tempos há muito idos. *"Lembra-te do teu passado, muito antes do cristianismo primitivo"*, foi uma frase muitas vezes repetida que memorizei. De repente, tive a impressão de que tinha chegado a casa e que me libertara de uma grande tensão. *"Vais encontrar aqui muitas informações de que irás precisar para encontrar o lugar certo e para a construção do teu projecto. Ainda vais voltar aqui muitas vezes."* Estava confusa, mas também cada vez mais curiosa. Parara de chover e Paul também saíra do carro. Primeiro sentou-se durante muito tempo numa grande pedra deitada que se encontrava na metade superior do círculo. Agora estava deitado sobre a pedra e vi que estava a dormir. Será que era uma pedra especial? Fiquei admirada como ele conseguira adormecer tão depressa. Andei à volta das diferentes pedras e notei que reagia fisicamente a cada pedra. Com uma comecei a sentir um formigueiro na cabeça, noutra senti calor à volta dos rins, noutra senti-o ainda intensamente na zona da nuca. Era como se cada pedra tivesse uma energia especial. Voltei a sentar-me na pequena pedra plana que parecia estar deitada no centro energético do círculo. De novo, comecei a sentir tudo a andar à roda quando fechei os olhos. *"Quando entenderes este processo energético, irás entender a essência da telepatia. Procura o teu ponto interior que não te provoca tonturas e onde te possas acalmar. É importante para vocês. Têm de reunir conhecimentos de sobrevivência e está mais do que na altura de deixar hábitos antigos e desenvolver hábitos novos. Por hoje chega. Ainda vais voltar muitas vezes a este local."* Abri os olhos e olhei para Paul que acabava de acordar com o comentário: "Como se vê, não sou uma pessoa espiritual. Fui invadido por uma energia tão pacífica que acabei por adormecer, quando no fundo o que eu queria era saber qualquer coisa sobre as pedras. Mas isto fez-me mesmo bem. Este lugar é extremamente repousante. Tão pacífico e festivo. Todas as preocupações desaparecem e consegue-se dormir maravilhosamente." Ele parecia de facto estar bem e repousado, como se tivesse mergulhado numa fonte de juventude. Mais tarde, quando mais pormenorizadamente investiguei esta pedra, tive de pensar muitas vezes nesta situação. Foi como se Paul tivesse seguido inconscientemente a energia desta pedra.

Estávamos ambos muito energetizados e espantosamente bem- dispostos. Num acesso de euforia e de capacidade de crença infantil, apanhei uma pequena pedra que continha um pouco de quartzo e guardei-a no meu bolso. "Ajuda-me a encontrar um lugar onde possamos concretizar o nosso sonho do biótopo de cura", sussurrei. "Ainda temos muito trabalho pela frente e se houver alguns amigos no cosmos que gostem da nossa ideia, por favor, ajudem-nos a concretizá-la."

Voltámos novamente para dentro do carro e contei a Paul as minhas descobertas espantosas. Falámos cheios de inspiração sobre o cromeleque e especulámos sobre a sua finalidade. Lembrei-me que poderíamos consultar um guia turístico sobre Portugal, mas na maioria dos livros que tínhamos connosco, as informações sobre o cromeleque eram muito escassas, ou este nem sequer era mencionado, o que na realidade me deixou muito admirada. Em qualquer outro país, este monumento teria sido transformado numa grande sensação. Quando li o guia turístico de Safi Nidiaye sobre Portugal, com o título "Viagens Mágicas", em que a autora tivera a impressão de que as pedras falavam, senti a minha experiência confirmada. Levei as imagens que vira mais a sério do que talvez tivesse feito noutras circunstâncias. Num pequeno café, onde descansámos para tomar um copo de vinho tinto, anotei imediatamente no meu diário: "Cromeleque perto de Guadalupe. Resumindo: uma atmosfera muito pacífica. Finalmente, vi o lugar que há tanto tempo me fora mostrado nos meus sonhos. Esquecera esses sonhos por completo. Neste lugar, tive as seguintes inspirações: este não foi um local de festas, um lugar onde as pessoas dançavam em roda. Safi Nidiaye suspeitava disso no seu guia turístico. Esse foi possivelmente um efeito secundário sem importância. Espontaneamente, penso que fosse um lugar mágico cuja função era reflectir a estrutura social de uma tribo. Na disposição das pedras está transmitido um conhecimento social da tribo. O círculo representa uma espécie de ponto de acupunctura, provavelmente, construído por pessoas de povos nómadas. Eles possuíam conhecimentos sobre levitação. Decidi contactar Safi Nidiaye para questioná-la sobre as suas inspirações no cromeleque.

Até as experiências espirituais e inspirações requerem objectividade. Quando passo por uma experiência ou aprendo algo invulgar, automaticamente, procuro no meu interior pessoas que possam confirmar essa experiência de modo semelhante. Neste caso, é preciso muita verdade, confiança, contacto e sobriedade. No entanto, trata-se de um outro tipo de sobriedade que se distingue fundamentalmente do estado de alma "banal" que à partida exclui qualquer experiência mediúnica e invulgar. Existem bastantes pessoas com dons mediúnicos que enlouqueceram porque se perderam no caminho de regresso e, desta forma, perderam a ligação com a chamada realidade. Eram ridicularizados pelos seus semelhantes porque viam coisas que os outros não viam. Ficavam completamente a sós com as suas inspirações, não conseguindo já distinguir as percepções verdadeiras da fantasia e, não havia em quem pudessem confiar. Quando o medo se instala num estado de abertura mediúnica, provoca rapidamente episódios esquizofrénicos. As pessoas com dotes mediúnicos deviam juntar-se e aprender entre si. O mais importante aqui é a aprendizagem da confiança. E a prática espiritual requer uma prática de vida sem mentiras.

As inspirações obtidas neste lugar levaram-me cada vez mais à conclusão que dentro deste cromeleque se encontravam codificadas muitas informações ocultas sobre uma cultura passada. Intensificou-se a decisão de que voltaria mais vezes a este lugar para descobrir com ele o que se passava. No entanto, nem suspeitava ainda a que profundidades vivenciais e espaços espirituais os encontros com o cromeleque me iriam levar.

Prosseguimos até uma localidade próxima, onde ficámos alojados numa acolhedora pensão portuguesa em que estavam dispostas as mais diversas estatuetas de mulheres santas sobre todas as cómodas possíveis. No dia seguinte, partimos cheios de esperança de que iríamos ser levados para um novo lugar adequado. Visitámos ainda um impressionante dólmen grande, ou melhor, um lugar que alguns pensavam ser um dólmen. As pedras neste local eram tão gigantescas, que era incompreensível como é que mãos humanas tivessem sido capazes de transportá-las e de erguê-las sem a ajuda de tecnologia moderna.

Em seguida, voltámos pela costa ocidental e alojámo-nos numa pensão junto ao mar. Logo no dia seguinte, encontrámos um local apropriado para o evento que queríamos realizar em Junho com 70 participantes. Fora-nos recomendado por um jovem agente imobiliário alemão. O lugar excedeu todas as nossas expectativas. Imediatamente, começámos a imaginar tudo o que seria possível naquele local. Finalmente, o agente imobiliário confirmou que trataria de tudo para que neste lugar pudéssemos realizar o nosso evento no campo.

As Pedras Respondem

Juntamente com Pierre, o meu companheiro e parceiro mais íntimo e a minha filha mais nova, Vera, depois do campo fui até ao cromeleque. Ela tinha na altura dez anos e eu tinha um grande interesse em que Pierre também conhecesse este monumento impressionante de uma época passada. Sempre tivera a impressão que o cromeleque era como um coração central de Portugal e que se entendêssemos as suas mensagens, conseguiríamos saber muito sobre o país e seria possível lidar melhor com alguns contratempos. À nossa chegada, fomos recebidos com a mesma energia agradável e solene tal como na minha primeira visita. Vera começou logo a saltar de pedra em pedra e colocou respeitosamente a sua mãozinha sobre cada uma delas. Tinha ficado muito impressionada com a sua idade e por terem sido ali colocadas por pessoas. Passado algum tempo, voltou para mim. "Mamã, as pedras respondem", disse solenemente. "Podes perguntar-lhes alguma coisa e depois respondem." "Como é que elas respondem, tu ouve-las mesmo a falar?" tornei a perguntar. "Não, respondem só com Sim ou Não. Tens de colocar-lhes a tua mão em cima. Quando respondem com Sim, a mão fica muito quente, e quando respondem com Não, fica fria."

Eu sabia que se a subestimasse com cepticismo não seria, de certeza, capaz de reconstituir a sua recente descoberta e, por isso, ajustei-me ao seu estado de alma na medida que me era possível. A sua afirmação deixara-me bastante surpreendida, porque não lhe contara praticamente nada acerca das minhas primeiras impressões sobre o cromeleque. Na realidade, a única coisa que sabia era que iríamos visitar aqui um monumento, no qual há muito tempo foram erguidas pedras por pessoas e, actualmente, ninguém sabia muito bem para que serviam.

Cuidadosamente, aproximei-me da pedra com os olhos fechados e perguntei: "Consegues responder?" Coloquei a minha mão num ponto que me atraía energeticamente. Realmente, parecia que estava a aquecer. Formulei as mais diversas perguntas e sentia o modo como a minha mão umas vezes se enchia energeticamente com calor e, outras vezes, se tornava mais fria como se estivesse realmente a responder de imediato. Vera começou a dançar à volta das pedras. "Elas respondem, elas respondem!", gritava ela. Em seguida foi buscar o seu pai, Pierre, para partilhar com ele a sua descoberta. Estávamos os três junto de uma pedra grande e colocámos nela as nossas mãos. Pierre também faz parte daquelas pessoas que não se consideram muito receptivas espiritualmente, mas que sabe escutar com muita abertura e sem condenar, quando outros falam sobre esse género de experiências. Cerrou os olhos, colocou a mão sobre a pedra e mordeu o lábio. «Sim, sim, sim», exclamou, cerrou cada vez mais os lábios e começou a bater com os pés no chão. "Quando imagino com muita força, também sinto qualquer coisa." "Não papá, tens de fazê-lo como deve ser", exclamou Vera. "Olha, assim." "Sim, sim, estou a fazê-lo muito bem, olha lá!" – respondeu voltando a cerrar os olhos e os lábios. Depois piscou-nos o olho cheio de travessura, alegria e traquinice. Rimo-nos todos. Por fim, quis meditar a sós durante alguns minutos. Voltei a procurar a pequena pedra que se encontrava no centro energético do círculo, mas já não se encontrava no sítio. Procurei-o até voltar a encontrá-lo e a sentir aquela característica energia rodopiante. Fechei os olhos. Tudo rodopiava. *"Descobre o lugar onde não ficas tonta."* Demorei algum tempo até encontrar o meu ponto de tranquilidade. Depois pareceu-me estar silenciosamente dentro de um centro energético e à minha volta girava um carrossel oval que não se limitava apenas a rodar, mas que produzia determinados movimentos centrífugos. Era como se uma coluna energética elevada se erguesse através da minha coluna vertebral e sentia-me como um farol que emitia luz em determinadas frequências. *"Sim, o que sentes agora são energias de emissão telepática. Assim podes aprender a enviar e a receber. Têm de aprender a ligar e a desligar o movimento energético conscientemente. As ondas de energia estão sempre presentes e em todo o lado, só é necessário aprenderem a sintonizar-se conscientemente na frequência desejada"*, ouvia dentro de mim. Era uma energia muito elevada. Passado algum tempo senti claramente que por agora bastava. Aproveitei ainda os últimos segundos para agarrar firmemente duas pedras, uma pequena do cromeleque e uma de Rogil, onde realizáramos o evento. Voltei a pedir ajuda para encontrar o lugar e para a respectiva compra do biótopo de cura. Estranhamente, senti dentro de mim uma força nitidamente positiva que me fazia sentir leve e animada, mas voltou a surgir um aviso: *"Não te apegues!"*. À pergunta sobre se o lugar em Rogil seria o certo para nós, apenas veio a resposta seca: "Está disponível. Mas espera e mantém-te atenta!". Depois ficou tudo em silêncio. Também não obtive resposta à pergunta acerca de como é que iria mobilizar o dinheiro necessário. Ao mesmo tempo, intensificou-se a necessidade imprescindível de agir rapidamente. Com uma precisão clara veio a indicação de que teria de comprar o lugar para a construção do biótopo de cura até Junho do ano seguinte, caso contrário, durante muito tempo não iríamos avançar. Como é que era possível conjugar simultaneamente a espera e a pressa? Em primeiro lugar, senti uma contradição. *"Tudo tem tanta pressa que ainda tens de descobrir a energia da tranquilidade e da lentidão"* responderam alegremente as pedras. Nesse momento, senti como a tranquilidade e a certeza me inundavam, numa descontracção e alegria raramente experimentada anteriormente. *"Vocês desperdiçam muitas vezes o vosso tempo com pressas, precipitações e preocupações desnecessárias, de modo que deixaram de dispor da presença para a percepção necessária que nasce da tranquilidade.*

Desta maneira desperdiçam milhares de oportunidades que na realidade a vida vos oferece." Senti a verdade presente nesta mensagem e não lhe consegui fazer frente. Assim, recebi as palavras com gratidão, apesar de não saber se Rogil era o local certo e de nem fazer ideia de como iria financiá-lo. *"No mínimo, terás de confiar. Esta é a fonte para um poder brando que provém do amor"*, foi a inspiração que ainda levei comigo. Queríamos passar a noite perto do cromeleque. Mas antes disso queríamos ainda explorar a região circundante, procurando outras indicações interessantes de culturas pré-históricas.

Em redor, por vezes em pastagens de bovinos, encontrámos megálitos isolados de cuja finalidade e uso não fora possível descobrir nada em concreto. Algumas pedras pareciam apenas rochas na paisagem, mas outras não deixavam dúvidas quanto ao envolvimento humano. No entanto, a designação *"mão humana"* era duvidosa, uma vez que muitas das pedras eram tão grandes que era impossível compreender como poderiam ter sido erguidas. A maioria tinha mais de dois metros de altura e outras como por exemplo o dólmen na Zambujeira, com cinco pedras verticais e uma trave de pedra colocada horizontalmente em cima, atingia aproximadamente seis metros de altura. Já ouvira falar muito sobre Stonehenge e sobre as mais diversas especulações que circulavam sobre esses locais, mas estas nunca me haviam despertado grande interesse. No entanto, sabia que circulavam muitos rumores acerca de cromeleques no Sul de Inglaterra e na Escócia. Stonehenge era mundialmente conhecido, mas esta região pedregosa perto de Évora e o cromeleque de Guadalupe encontravam-se sem qualquer vigilância no meio de Portugal. Ninguém sabia nada acerca da verdadeira história destes megálitos, e mesmo durante a minha pesquisa posterior pela respectiva literatura, encontrei pouca coisa. Em contrapartida havia muitas especulações. A historiografia determinou a criação do cromeleque entre 4000 e 2500 a. C.. Até à data não me dedicara intensivamente à pré-história, mas devido às minhas inspirações no cromeleque comecei a interessar-me cada vez mais.

Nas imediações deparámo-nos com escavações iniciadas, incluindo uma capela branca no meio de um prado que envolvia um dólmen grande caiado de branco. Ali perto, havia também uma caverna com pequenas gravuras rupestres semelhantes às das cavernas de Lascaux em França, mais antigas ainda.

Pouco antes de começar a anoitecer voltámos para o cromeleque. A possibilidade de poder estar num lugar destes sem sermos incomodados, sem guia turístico, sem confusão ou barraquinhas de comida e coisas do género era uma verdadeira dádiva. Em nenhum outro país europeu isto teria sido possível. Que isto se conserve assim por muito tempo, pensei eu.

Procurámos um sítio para dormir perto do cromeleque. No fundo até nos poderíamos ter deitado logo dentro do cromeleque, mas um respeito interior aconselhou-me a fazer uma aproximação lenta. Antes de ir dormir, dei pensativa mais uma volta pelo círculo de pedras. Desta vez, as minhas mãos não ficaram nem frias, nem quentes quando me inclinava interrogativamente para elas. Queria também voltar a verificar se os meus chacras continuavam a reagir de maneira diferente às diferentes pedras, tal como experimentara durante as minhas primeiras visitas. *"Não vais conseguir examinar-nos com qualquer método esquemático limitador. Nada é como ontem. Provas, no sentido tradicional, não funcionam connosco. O único aspecto válido é sobriedade total, presença na percepção, imparcialidade, disposição e abertura. Estas são as qualidades necessárias para o envolvimento com o nosso campo de interacção. Este funciona de modo muito preciso, mas de uma maneira diferente da que vocês esperam"* foi a mensagem que recebi enquanto estava pensativamente sentada à frente de um destes enormes monumentos. Tive a nítida sensação de uma pedra estar a falar comigo. *"Através da evidência da tua experiência e da tua percepção, vais aprender a distinguir a fantasia da realidade. Existe uma força interior que sabe o que é verdade e o que não é. Os meios para a aproximação à verdade são um espírito de investigação sóbrio, uma vontade verdadeira de aprender e a disposição para alterar e desenvolver a tua vida; mas também a fantasia, a curiosidade, o sentido de humor e a alegria de brincar são qualidades muito importantes para se poder sequer aproximar da nossa verdade objectiva como experiência. A nossa realidade tem algo a ver com a arte e a criação. Um dos aspectos da verdade da vida consiste no facto de que nada se mantém como foi. No vosso mundo, este conhecimento não é devidamente valorizado. A origem de muito sofrimento está no facto de muitas pessoas se agarrarem a determinados padrões de pensamento."* Absorvi esta inspiração com muito espanto e emoção. Subitamente, apercebi-me de todas as pedras à minha frente como se estivesse a ver uma tribo viva muito antiga. "Mas como é possível provar que se pode comunicar convosco? Como se pode ter a certeza de que tudo não é apenas imaginação?". *"Ao relacionares-te com aquilo que vives aqui, a própria experiência traz consigo a evidência e tem a sua própria lógica e certeza. Aquilo que dificulta ao ser humano penetrar mais profundamente no nosso conhecimento sobre os mistérios, são características como o pensamento estabelecido, a culpabilidade, os julgamentos perante si mesmo ou sobre outros e estar preso à matéria, independentemente de que tipo for. O medo e o ódio são, evidentemente, sempre bloqueios de comunicação. Mesmo que, sendo pedras, sejamos testemunhos de permanência e tranquilidade na história, somos também testemunhos de infinitos actos de flexibilidade e poder de criação. Começa por permitir a ti mesma percepcionar todas as visões que recebes. Vais acabar por entender o seu significado. E continua o caminho apenas enquanto te sentires livre de medo. A confiança é a energia primordial de um mundo que cura. Só quem quiser descobrir a partir da energia da confiança o que é criado e a realidade que daí resulta, irá descobrir os segredos deste cromeleque."* Dentro de mim surgiu uma profunda sensação, quase infantil, de uma confiança primordial. O que é que significava crescer dentro de uma comunidade tribal sólida onde existiam relações claras, um lar e segurança?! Onde era possível olhar para o mundo com interesse, ao invés do medo da violência e do castigo, da repressão e do domínio?! Absorvi intensamente esta profunda sensação de confiança primordial. Desfrutei também da indicação de que poderia, por agora, seguir as inspirações sem as julgar ou comentar de qualquer forma. A minha relação com as pedras estava a tornar-se cada vez mais pessoal. *"Vão encontrar o local certo ainda este ano e decidir-se pela compra do lugar. O momento certo é importante. Esvazia a tua mente e, receptiva como uma pedra, mantém-te aberta para a orientação interior"* foi o último conselho que levei para a noite antes de me enfiar feliz e aconchegada no meu saco-cama. Vieram-me à memória episódios da minha primeira infância, onde de um modo semelhante me sentira segura no mundo. Neste momento, admirei-me do quão longe ia a minha memória. Via-me, por exemplo, na minha cama de bebé, a roer as grades, com o meu urso de peluche ao lado. Via as calças de lã brancas com um peitilho bordado que usava na altura e como observava atentamente um raio de sol que entrava no quarto pelos cortinados e se roçava pelo chão verde, onde se movia ondulado numa dança de luz. Devia ter talvez uns oito meses, o que é certo é que já conseguia levantar-me agarrada às grades e já tinha os primeiros dentes. Esta lembrança não me parecia nada própria de um bebé, pelo contrário, o ser que ali olhava para o exterior era inteiramente abrangente e estava absorto numa percepção do mundo quase própria de um Buda.

Observámos ainda as estrelas, contámos os satélites no céu e os três muito satisfeitos adormecemos relativamente depressa. Por volta da meia-noite, acordei. Sentei-me direita e, imediatamente, fiquei desperta. A Lua já brilhava no céu e iluminou o cromeleque. Tive a impressão de estar rodeada pela mais turbulenta vida. As pedras tinham um efeito totalmente diferente de dia. A minha vista estava ainda um pouco desfocada, fazendo com que as pedras parecessem estar envoltas por neblinas energéticas dançantes que circulavam à sua volta. Era como se estivessem a atrair a energia. Fiquei a observar o fenómeno durante muito tempo. Além disso, escutei o coaxar das rãs que soava como uma caixa de ressonância que apoiava toda a frequência. Era possível criar a sensação de estar numa rampa cósmica, numa estação de recepção e de emissão para mensagens cósmicas. Até as corujas que lançavam os seus gritos de acasalamento para a noite se enquadravam no cenário. Passado algum tempo, levantei-me e entrei no cromeleque. Estava nua, mas de certa forma senti que isso não era apropriado e voltei para me vestir. Fui para o sítio através do qual entrara pela primeira vez no cromeleque. *"De noite somos acumuladores de energia. À semelhança das plantas, as funções que desempenhamos durante o dia são opostas às da noite. À noite realizam-se verdadeiras conferências. Se seguires as energias em vez de as perturbares, e se esvaziares a tua mente, estarás a criar condições favoráveis para a renovação. Mas sê cuidadosa, escolhe de maneira consciente quando e como chegas. Tratam-se de energias superiores. É melhor nem começar, se for para ficar apenas a meio."* Admirada, dei a volta ao círculo. Como era possível que as pedras emanassem uma energia tão completamente diferente da que se fazia sentir durante o dia? Certa vez, tive até a impressão que uma delas se dissolvia por completo. Perante esta percepção assustei-me e, imediatamente, tudo voltou ao seu estado normal. Uma pedra é uma pedra, pensei eu. E se afinal estivesse a imaginar tudo? Lembrava-me dos momentos inspiradores durante a manhã. *"O que te impede de compreender o profundo conhecimento dos mistérios são determinados preconceitos, juízos de todo o tipo, pensamentos pré-concebidos, medos ...".* De bom grado, voltei a ajustar a minha energia para um olhar extasiado. Depois, as pedras voltaram a aparentar de novo estar a dançar, não de maneira física, mas sim como partículas de energia pura que se juntavam numa forma aparente. Uma vez, pareceu-me até que podia passar a mão através da pedra e que esta cedia. Tentei fazê-lo. De repente, pareceu-me que a minha mão entrara já um centímetro para dentro da pedra e que esta se abria. Perante esta imagem, ri-me para espantar o meu primeiro susto. Imediatamente, a pedra voltou a ser uma pedra, passando a estar à minha frente de uma maneira um pouco estranha. "Voltarei", sussurrei com a impressão de que esta lição era já suficiente para a primeira vez. Agradeci e voltei para a minha cama.

Dormimos maravilhosamente. Durante a noite sonhei com um jovem casal de uma tribo. Estavam deitados lado a lado, ela de costas para ele. Amavam-se enquanto os outros membros da tribo dormiam, e faziam-no como se fosse algo quase proibido, apesar de maravilhoso. Admirada, anotei o sonho e contei-o a Pierre na manhã seguinte.

No Princípio era o Sonho

Pouco tempo depois, Pierre e eu percorremos de carro uma segunda vez os arredores de Évora. Era um desejo de Pierre, fazer um quadro da região das pedras que deveria captar as qualidades do típico Verão português, ainda antes do nosso regresso a casa. Não tínhamos nenhum objectivo especial, mas antes deixávamo-nos conduzir intuitivamente. Tínhamos virado num simples caminho de cascalho à procura de um único dolmene que estava descrito num prospecto e estacionámos o carro num grande prado que já ao longe me tinha atraído magicamente. Era o dia mais quente do ano e quando se conduzia para o interior do país o calor aumentava ainda mais violentamente. O suor escorria-me como água. A minha forma física não melhorava com o calor e só desejava uma bebida fresca e um lugar fresco à sombra para uma sesta. Com este calor podia-se interiorizar e sentir a mentalidade lenta dos habitantes do Alentejo. Tinha-se sempre a impressão de que os habitantes daqui reduziam as suas actividades ao mínimo. Era como eu estava agora. A própria velocidade, os pensamentos e a percepção abrandavam como que automaticamente e minimizei ao essencial as minhas actividades como falar, pensar e mexer-me. Sacámos das latas de ice tea, dos nossos colchões e do nosso material de pintura e entre grandes pedregulhos que aqui estavam por toda a parte até onde a vista alcançava, procurámos um lugar à sombra debaixo de um sobreiro. A paisagem tinha sobre mim um efeito como se as pedras não estivessem ali por acaso, mas como se um escultor divino tivesse querido transformar toda a região num parque no qual as pedras eram os monumentos. Os grilos cantavam alto e davam a sensação de que o ar estava carregado de electricidade. Deitara-me há pouco em atitude meditativa, para registar completamente a atmosfera do Sul e de pleno Verão. Com os olhos ligeiramente semicerrados, olhava fixamente, meio a sonhar, meio acordada, o ar bruxuleante. Apreciei este lugar na sua festividade mágica e já sonolenta queria entregar-me ao devaneio quando, subitamente, uma mudança nítida de energia me aconteceu. Senti a energia nas minhas pernas a subir e uma espantosa agilidade corporal. De repente, apesar de um grande calor, não queria estar sentada. Como um jovem animal pus-me em pé de um salto e segui o meu impulso de correr pelas redondezas. Tinha a impressão que em toda a parte existiam lugares especiais que tinha de visitar. Em mim cresceu a sensação de ser uma nómada, como se tivesse estado sempre a caminho, como se estivesse habituada também sob um grande calor a continuar como em transe a caminhada pelo deserto. O calor tinha desaparecido. Senti-me atraída magicamente pelas enormes rochas e fui com grande rapidez, quase em delírio, de pedra em pedra, seguindo completamente o ritmo que este tipo de transe exigia de mim. O ar estava repleto de acontecimentos, isso sentia eu. Tudo estava mergulhado nesta típica radiação de verão incolor, azul acinzentada. A energia que sentia nas minhas pernas era invulgarmente forte. Paulatinamente, aumentava em mim um sentimento elevado, era quase como se tivesse tomado uma espécie de droga. Detive-me surpreendida diante de uma grande rocha que parecia ter sido ali colocada. Ela tinha uma espécie de radiação, senti-me muito leve como se conseguisse voar. A forma especial que apresentava atraiu-me magicamente. Estendi-me na pedra e fechei os olhos. Era uma sensação como se tivesse raízes que mergulhassem profundamente na terra. Ao mesmo tempo sentia-me leve e ágil como se pudesse flutuar dali para fora. Comecei a pulsar e, subitamente, tinha a impressão como se o meu corpo crescesse até uma dimensão gigantesca. Uma energia avançava de baixo para cima e eu queria poder levantar-me. Nesse momento, surgiram imagens diante dos meus olhos.

Vi aqui pessoas de pele escura que se moviam entre as pedras. Eram notavelmente belas e altas. As plantas que vi eram completamente diferentes daquelas que agora aqui cresciam, parecia uma floresta abundante. Nessa altura, surgiu uma mulher anciã diante dos meus olhos que me fitava e fui inundada por imagens e informações. Tentava lembrar-me de tudo e em seguida gravei o conteúdo seguinte numa fita, na tentativa de reproduzir as minhas impressões tão bem quanto possível.

"Foi há muitos milhares de anos que a criação teve um sonho. Assim diriam vocês na vossa língua. Tenta agora seguir as imagens e traduzi-las para a tua língua e modo de pensar", disse-me a mulher. Nem posso dizer que o disse porque não ouvia nitidamente nenhuma voz falante. A informação chegou-me em pensamento enquanto ela me fitava. *"Foi, portanto, há milhares de anos que sobreveio um novo nível na evolução. O nascimento do amor pessoal entre as pessoas fôra preparado lentamente. Agora estás a ver imagens de há cerca de 25000 anos antes da vossa era, pensadas na vossa dimensão. Mas recua ainda mais anteriormente até à raiz."* Estava outra vez a pulsar e reparei como a minha roda do tempo ainda recuava mais. *"Foi há muitos milhões de anos"*, pôs-se a pessoa novamente a falar, *"a Terra estava há muito em processo de criação e observando-o pela vossa dimensão temporal já tinha cerca de 4 biliões de anos, apesar de, outrora, não existir ainda o tempo no vosso sentido. Portanto, nasceu a ideia de um ser humano há tempos imemoriais no universo através da criação primordial. Na Bíblia, faz-se muito mais tarde a referência a Adão e Eva, outros falam do nascimento do homem, também denominado Adam Kadmon. Fica a saber que toda esta língua e mundo de imagens são uma tradução de processos energéticos e, naturalmente, também dependente do sujeito que recebe agora este sonho. Por isso, reencontrarás sempre em cada história da cultura outra mitologia, mas em toda a parte encontrarás uma compreensão mais antiga que*

reflecte o mesmo processo primordial e que fala de um paraíso primordial na Terra, nascido ainda antes da dimensão temporal. Procura seguir o seu conteúdo e estabelecê-lo no teu mundo de representação tridimensional. Trata-se de um processo de tradução de processos espirituais. Fica a saber que, desde o início, a criação era de natureza espiritual. Tudo o que existe é de substância espiritual. Todos vós sois portadores de um núcleo eterno que esteve envolvido em todo o acontecimento da criação. A partir desta substância espiritual nasceu a Terra. Metaforicamente, pode dizer-se que ela foi sonhada a partir desta substância. Neste processo de nascimento espiritual, em que toda a criação estava envolvida, as substâncias primordiais sonharam o sonho de um paraíso para as pessoas. Quando falamos de sonho, pode falar-se também de consciência. Uma consciência que está sempre e a toda a hora activa num processo contínuo de criação. São aqui criados mundos de imagens e a partir deles formam-se estruturas, formas e sons. Em cada momento existe esta nova criação ligada com a sua origem, que de novo a ela regressa. Na vossa palavra "informação" ainda está contido o conhecimento de que toda a forma é de natureza espiritual. Imaginem que pequenas partículas de luz são todas de substância espiritual e que em si são todas vivenciadas como entidades. Na mitologia, falar-se-ia dos vossos antepassados espirituais. Eles sonharam a Mater, a energia primordial feminina, a Terra. Nesta Mater, cada ser da criação devia ter sempre a possibilidade de renascer quantas vezes quisesse. O pensamento da "Humanidade" estava assim, desde tempos imemoriais, assente na criação. Esta Mater devia ser protecção e pátria de todos os recém-chegados, nascia-se a partir dela e a ela se voltava, para novamente a partir dela se surgir em novas estações do universo. Devia tornar-se um lugar de tranquilidade, experiência e de um conhecimento especial. O maravilhoso na Mater era ela ser material. A matéria é muito especialmente um espaço existencial de carácter espiritual, que não existe em mais nenhum lugar. De um modo completamente único podia-se aqui ver, cheirar, ouvir, respirar, saborear, tactear. Não havia nenhum lugar comparável em todo o universo. Em primeiro lugar, este devia ser um espaço para a criação e descoberta do amor sensual. O amor era conhecido desde o início da criação em que, naturalmente, não existe realmente nem fim nem princípio. Mas o amor sensual devia ser a hora de nascimento da geração material. Cada espaço existencial material representa um anseio em todo o ser e é único em toda a criação. Gravitação, levitação, formação de substâncias e formas existenciais materiais, tudo isto, é a expressão inicial deste acontecimento amoroso primordial. De um modo que não era experienciável noutras partes do universo, devia existir numa profundidade e energia terrestre, o espaço e o tempo enquanto qualidades existenciais especiais. Espaço e tempo eram, por assim dizer, a veste da percepção no campo de energia material para ser, especialmente saboreado, adornado e variado. Os antepassados da criação sonharam com o feminino e o masculino, sendo a Terra o princípio polar da complementaridade. Para entrar numa nova tensão e num novo acto de criação, as duas energias primordiais deviam equilibrar-se como uma balança e através delas tudo devia ser sempre de novo produzido, nascido e transportado. Na Terra, a criação recebeu a sua variedade e vitalidade através da sua diferenciação. Nesta tensão polar, conceberam em vários graus e variações a concretização do amor sensual. O sonho era o início de cada criação. Do sonho nasciam todas as coisas e ao sonho regressavam todas as coisas. O sonho é um processo de consciência abrangente, um processo espiritual altamente activo imanente a todos os processos de criação, independentemente do nível de consciência em que se encontrem.

Junto à Mater, a grande mãe, um jovem devia poder crescer até à maturidade, e na Mater todas as mulheres deviam descobrir e desenvolver a sua própria abundância. A Mater devia e queria, enquanto Terra e princípio feminino, apresentar como oferta ao princípio masculino da criação toda a sua abundância criativa.

Assim, a matéria desenvolveu-se gradualmente numa complexidade cada vez maior. Surgiram vales e montanhas, pedras, cobre, ouro, prata e outros metais. Sonharam um mundo animal rico, dos símios até aos animais humanos e as plantas cresciam em grande variedade. Cada ser representava uma espécie muito especial da inteligência, em situação complementar para os outros seres. Para cada ideia existia uma forma correspondente. Todo o universo devia encontrar uma expressão material na terra. Tudo era parte do todo, isto é, um aspecto do todo e, pelo menos de forma latente, cada um tinha uma consciência de si como um aspecto do Universo Uno. Tudo era gerado e nascido do amor, tudo era protegido em amor e tudo voltava também ao amor. Finalmente, quando tudo estava suficientemente desenvolvido, era também possível às energias espirituais altamente desenvolvidas materializarem-se. Na mitologia dir-se-ia que, nessa altura, os seres da criação primordial decidiram-se a entrar dentro do seu sonho como uma criatura humana, ou como Adam kadmon, ou 'ser humano' como lhe chamam. Eles entraram na sua criação para a experienciarem materialmente. Esta foi a hora do nascimento do ser humano pensado como humano e como ser terreno cósmico na sua perfeição absoluta. Habitaram a veste material que eles próprios tinham tecido. Naturalmente, tinham consciência de que eles próprios tinham inventado esse sonho e, por isso, lidavam com ele de um modo extremamente cauteloso. Sabiam que cada elemento da criação era um aspecto de si mesmo e quando prejudicavam esta criação, prejudicavam-se também a si mesmos. Desse modo, nunca pensavam em destruir algo, prejudicar ou matar. Por isso, também não matavam animais. Os animais, tal como eles, tinham olhos e tinham vindo para ver e conhecer. Também os animais tinham, como eles, uma alma que não se devia matar deliberadamente. Cada pessoa mudava de um espaço existencial material para um espaço transcendente quando essa hora era chegada e desejada por si. É o que vocês hoje chamam "morte". Não é nada mais do que uma mudança dos espaços existenciais. Outrora, esta mudança ocorria sempre de um modo desejado e consciente. Todos os animais e plantas eram aspectos do grande Todo e para eles tudo era um aspecto de si mesmo no processo do devir. Comiam plantas, bagas e outros frutos e, por vezes, em casos muito raros também animais, quando estes esperavam deles que o fizessem. Respeitavam sempre o momento certo. Fundamentalmente, viviam de energia. Comer era um acto de amor sensual, um acto de comunicação, mas não uma questão de necessidade. O medo e a dor eram-lhes estranhos. Também desconheciam o pensamento de que numa situação qualquer se podia ser vítima. Eles próprios tinham originado esta criação e agora tinham entrado na sua própria obra de criação, para ver a partir do seu interior qual era a sensação. Permaneceram assim permanentemente em estado de acção criativa, mesmo enquanto dormiam. O sono era um meio apropriado para mudar conscientemente de um espaço existencial para outro. Deitavam-se como numa cama feita na sua própria obra de criação e descansavam da criação. Enquanto o faziam, reflectiam no sonho os seus resultados de criação e alteravam-nos. Denominavam esta qualidade de muito especial, a de estar na sua própria criação de vida terrena. Quando algo não lhes agradava, voltavam ao estado do sonho e modificavam a partir daí o seu sonho e com isso a sua obra. Mas para conseguir descobrir se existia algo que não era perfeito, tinham de experienciar o seu sonho de criação de um modo particularmente intenso e íntimo. Queriam fazer o seu sonho tão perfeito quanto possível.

Cada pormenor no Todo tinha o seu sentido e ninguém empreendia alguma coisa sem conhecer o sentido deste contexto. Eram especialmente sensíveis nas suas actividades espirituais porque não conheciam nem medo, nem dor. Podiam penetrar na essência das diversas coisas, sem sofrer com isso uma perda de identidade. Sabiam que tudo o que existia consistia em energia, tudo era uma forma particular da energia e, enquanto tal, podia ser decifrado e compreendido. Naturalmente, também conheciam já algo como a consciência do eu, mas todo o universo estava simultaneamente presente nele. O eu parecia um ponto nodal muito particular, uma estação de conhecimento, uma gare de consciência de energias cósmicas. O eu mostrava-se através do modo como ele, de maneira especial, capturava e delimitava as energias cósmicas. Era um acto de criação próprio e consciente, escolhido pelo próprio e, no entanto, acontecia sempre em ligação com o Todo, com o recurso de toda a energia da criação. A ideia de poder ou ter de fazer algo com a própria energia não existia. Esta só nasceu, quando o ser humano se separou do acto de amor como um Todo do universo. Todo o ser consiste em comunicação. Viver era um processo de comunicação. Era um processo natural como a respiração. As energias da levitação e as energias da gravitação não eram segredo e assim podiam usá-las em qualquer momento. O segredo consistia no conhecimento dos diversos estados energéticos. Uma vez que não estavam fixados em nenhum estado, porque até o espaço material não era mais do que um estado particular de consciência e energia, podiam facilmente mudar estes estados. Como tudo o que faziam era um acto de comunicação, não podiam mentir. Não existia nenhuma energia retida, tudo era um dar e receber, uma troca, um acto de criação e um acto de amor. Não existia nenhuma acção imparcial, sabia-se que um pequeno pensamento tido, um pequeno acto realizado, tinha aqui efeitos na totalidade dos acontecimentos. Por isso, estavam em ligação telepática com todo o universo."

Enquanto cada vez mais profundamente me deixava seduzir na mitologia desta história da criação dos antepassados, surgiam diante dos meus olhos as mais coloridas cores e imagens. Tinha a impressão de que podia atravessar tudo aquilo que existe através de todos os estados motores, brandos, duros, profundos, elevados, quentes, frios, fluídos e sólidos. Era como se pudesse mudar livremente o meu corpo do peso para a leveza, como se livremente pudesse ligar gravitação e energia de levitação. Na minha ideia, podia mergulhar na matéria como se ela fosse imaterial e porosa e pudesse alcançar a sua rede de energia modificada, podia mover-me nas profundezas do mar como se tivesse brânquias, conseguia arremessar-me no universo à velocidade da luz e aterrar conscientemente de novo no corpo do qual havia partido. Era uma sensação existencial de mobilidade incrivelmente resgatada e, era uma sensação de infinita liberdade de ligação e amor com a criação. Eu estava no universo. Vi o musgo nas pedras, vi os peixes como embriões da criação a nadar através das águas primordiais. Tudo, sem excepção, tinha em si consciência e estava ligado com tudo aquilo que existe. E tudo radiava à luz da beleza, energia e perfeição. Tudo estava inundado pela luz da energia da criação e do conhecimento. O mundo inteiro, transportado pelo espírito da energia amorosa universal, parecia tecido de som, luz e consciência.

Lentamente, regressei da minha viagem cósmica. Não fazia ideia de quanto tempo ali estivera. Podiam ter sido segundos ou horas, perdera qualquer sentido de tempo. O meu corpo ainda se sentia invulgarmente leve e cheio de energia. Decidi regressar e registar tudo tão bem quanto conseguisse.

Debaixo dos sobreiros, recebeu-me Pierre. Acabara de terminar a sua obra de arte, um sobreiro junto a um grande rochedo. Encantada, olhava para o mundo tipicamente colorído do Verão português, que ele captara com meios tão simples. Este quadro não fora pintado de um modo naturalista e, no entanto, estava de acordo com a realidade. De onde vinha este processo de percepção interior, que tão claramente nos dá um certo e um *errado*, se isso não existe na aparente semelhança imediata? Completamente preenchida ainda pela minha experiência anterior, pensava vagamente nisto. Pierre notou imediatamente que eu estava numa condição particular. Efervescente, comecei a contar-lhe o que tinha vivenciado e percebido. Juntos, fomos mais uma vez para aquela pedra junto à qual sentira esta forte energia de levitação e junto à qual tudo começara.

"Não tenho a sensação de que isto seja uma pedra normal. É antes como um armazenador de energia, uma memória na qual se podem chamar acontecimentos particulares da criação", disse eu. Pierre confessou que também sentia nesta pedra uma leveza particular. Era reconfortante com que escrúpulo me ouvia e me continuava a fazer perguntas. Depois de uma experiência destas, sentimo-nos abertos e expostos como uma criança. Introduz-se um reflexo condicionado que quer tornar a normalizar tudo para que ninguém repare. Tínhamos de aprender cedo de que modo, geralmente, o mundo dos adultos recusava essas experiências, entendidas como doidices e fantasias; se tivéssemos sorte, seria carinhosamente ridicularizado, mas na maior parte dos casos era punido com desprezo. Que adulto se questionou com interesse sério? Quem pensa que uma criança podia, igualmente, ter recebido uma mensagem real de outro espaço de conhecimento e consciência?

Entretanto, já me tinha habituado há muito tempo a levar a sério essas experiências. Também sabia que elas seriam levadas a sério pelos meus amigos, no entanto, a seguir sentia-me sempre frágil e sensível, inconscientemente, esperava que de imediato se seguiria uma punição. Durou bastante tempo, até aprender a ver cada vez mais claramente estes contextos e a manipulá-los mais conscientemente. Chegara ao ponto de poder agora comunicar a Pierre que no momento em que este estado abrandou, encontrava-me num espaço de consciência extremamente instável e que tinha de lidar cuidadosamente com os acontecimentos seguintes. Num estado amolecido regressei a correr para o carro. Que sensação, correr sobre a Terra com a consciência de que ela consiste em energia e que também o meu próprio corpo era uma rede de energia composta por padrões de pensamento e de sonhos. Respirei profundamente para tanto quanto possível manter e integrar no meu quotidiano o poder desta experiência e da sensação fundamental que me fora concedida.

Magia Feminina

Évora já se avistava ao longe. Marcante na imagem da cidade, era o monte que abruptamente se salientava, no qual se encontrava o centro histórico da cidade. Torres, igrejas e outros edifícios históricos de todos os séculos encontravam-se aglomerados. O monte, limitado por uma muralha elevada, constituia um museu histórico sem igual, com um templo romano precisamente na vizinhança da catedral gótica.

Conduzimos para o centro da cidade, pelo meio de estreitas ruelas, nas quais se tinha sempre a impressão de levarmos connosco uma esquina de uma casa. Era uma mudança de cenário que me dava a sensação de viajar através dos séculos. Estacionámos o carro e procurámos um lugar à sombra num restaurante. Pedi a sopa de legumes tipicamente portuguesa para acalmar um pouco o meu estômago. Após vivências mediúnicas, este costumava revoltar-se.

Depois, começámos outra vez a falar detalhadamente acerca do que somente eu tinha vivenciado. O que mais me impressionou, foi uma sensação que me informara que tinha havido um tempo sem medo e sem perigo. Paradisíaco. Mas seria aquilo que ali tinha visto, imagens reais de um tempo passado? Se assim fosse, o que era então dos tigres de dentes de sabre, dos dinossauros, dos escorpiões, das serpentes venenosas, das catástrofes naturais e das alterações climáticas que tinham existido realmente? Do ponto de vista da biologia e da história da evolução, o ser humano foi sempre obrigado a proteger-se do mundo e da natureza. Começámos a pensar como classificar tudo isso. Os dinossauros e outros animais perigosos, não tinham aparecido diante dos meus olhos. Suponho que no tempo que tinha visto existissem também animais perigosos, mas porque as próprias pessoas não tinham medo deles, estes não constituíam qualquer ameaça. Como os seres humanos não conheciam o medo, tinham uma relação completamente diferente com os elementos da natureza. Estavam numa ligação completamente diferente com a criação, não estavam separados dela e, por isso, podiam lidar com essas energias de um modo muito diferente. Podiam utilizá-las porque estavam ligados a elas, essa era a sua protecção. Aquilo que vi e vivenciei teve em mim o efeito de uma mitologia da criação realmente vivida. Aquilo que nós no mais profundo sentido designamos como humano, teve o seu começo material nesta visão pré-histórica. As pessoas que tinham construído o cromeleque vieram alguns séculos mais tarde. Mas elas estavam ainda totalmente ligadas a este campo original da humanidade.

Com esses e semelhantes pensamentos, procurávamos compreender o acontecimento do dia. Permanecia aberta a pergunta: de onde vinham as informações que tinha recebido? Era realmente incrível: aproximei-me então de uma pedra e, subitamente, mergulhei num mundo completamente diferente. Será que as informações estavam registadas na pedra? De onde provinham? Obviamente, tínhamos de questionar-nos, uma vez que tudo começara com o contacto particular com essa pedra. Dirigi-me a ela, fechara os olhos e, simultaneamente, senti uma forte mudança de energia. Não tive a sensação de estar frente a uma pedra normal. Pareceu-me antes oca, como um tanque de energia. Tinha-se a impressão de que aqui os seres cósmicos tinham aterrado há tempos imemoriais, para experimentar como é que a matéria se sentia. Para eles, a pedra fôra algo como que o seu primeiro foco material, antes de eles próprios se materializarem completamente.

Que eu agora estivesse tão instável, tinha também a ver com sentir-me bastante insegura acerca de como classificar tudo aquilo. Não podia provar nada daquilo que vivenciara. Apenas sabia que fôra algo incrivelmente intenso e real. Pierre incitou-me a seguir as impressões da alma. Não compreendia onde é que eu ia buscar as minhas dúvidas. Considerou que era uma enorme dádiva eu ter podido experenciar essas vivências.

Olhei para a praça onde estávamos sentados. Encontrávamo-nos aqui num tempo completamente diferente. Tinha fortes dores de cabeça e estava indisposta. Vinham-me à cabeça imagens de caças às bruxas, torturas, tormentos mortais. Estava, mesmo agora, muito receptiva para processos históricos e super-sensível. Tudo irradiava um passado sombrio, as fachadas das casas, a igreja. Pierre chamou-me a atenção para o facto de estarmos sentados num local histórico. Em Portugal, a caça às bruxas começou muito tarde. Mas também aqui, aconteceu que mulheres empenhadas como as bruxas ou pessoas pensantes como os hereges, foram perseguidas, torturadas e queimadas aos milhares. Estávamos precisamente sentados no local em que as sentenças eram executadas e o povo curioso se juntava. Pierre era às vezes como uma enciclopédia ambulante. Não conheço ninguém com uma ligação tão íntima com a história. Admirava-me sempre, como lhe era possível ter todos os dados e acontecimentos, armazenados e disponíveis na sua cabeça. Ao passo que eu era mais dotada para perceber as coisas intuitivamente e muito rapidamente as compreender na sua qualidade anímica, nas suas capacidades em reunir conhecimento, armazenar, combinar e fornecer aos factos isolados uma visão global sistemática. Isso aumentava sempre a tensão entre nós e podia levar a conflitos, quando um se sentia completamente incompreendido pelo outro, pela abordagem ser tão diferente. Na maior parte dos casos levava antes, mutuamente, a uma complementaridade rica que nos estimulava sempre na nossa investigação e que, muitas vezes, expandia consideravelmente a nossa percepção. Deste modo, já tínhamos sempre desde há 18 anos conversas temáticas interessantes um com o outro. Isso levou também a que nunca nos aborrecessemos erótica e sexualmente.

Pierre pediu a conta e propôs que procurássemos um hotel e que, em primeiro lugar, descansássemos completamente. Encontrámos uma pequena casa numa ruela estreita que, pura e simplesmente, se chamava "Hotel Diana", batizado segundo a deusa romana. O nome e o preço favorável eram encanto suficiente para nos alojarmos aqui por uma noite. Agradavelmente cansados, deitámo-nos na cama de casal num espaço fresco, e pusémo-nos à escuta das vozes e passos que entravam no nosso quarto através da janela aberta. Entretanto, amava a língua portuguesa com os seus sons sibilantes e a sua tonalidade redonda, por vezes, quase a soar a russo. Meio a dormir, parecia quase música. A ruela estreita diante da nossa janela seguia a direcção da catedral monte acima e para o templo da deusa Diana, *a rainha do céu*. A escutar os sons do centro da cidade, caí imediatamente num leve adormecimento. "Não tens vontade de te abandonar num adormecimento meditativo e a partir daí olhar outra vez para tudo?", sussurrou-me Pierre. Sim, tinha vontade. Tê-lo-ia feito na mesma tranquilamente mas em vez disso, certamente, devia adormecido. Como Pierre me fazia perguntas foi-me muito mais fácil permanecer consciente e seguir tudo meio acordada. Pierre colocou a sua mão na minha barriga e em voz baixa introduziu-me num estado parecido com o transe. Imediatamente voltei a ver à minha frente o rosto afável e moreno de uma mulher idosa e sábia. " *Sim, observa as imagens deste mundo de sonho primordial com calma e mais em pormenor*", disse ela. "*São o lar e a fonte de energia das pessoas.*" As pessoas que ali viviam tinham uma inteligência muito elevada, sabiam ler e contar, mas viviam numa simplicidade austera. Viviam em conjunto, em pequenas tribos nómadas. Pareciam gostar muito do amor sensual, em todas as suas actividades um leve erotismo estava sempre em jogo entre os sexos, nos seus olhares, no modo como se moviam, como se cumprimentavam, como se riam. Ainda não vi detalhes nenhuns, nada acerca das regras nas suas relações. Vi antes o brilho erótico que inundava toda a vida quotidiana. As pessoas idosas tinham também ainda o fogo erótico nos seus olhos e acompanhavam a vida dos jovens com atenção e benevolência. Vi com espanto, o papel que os sonhos desempenhavam na sua vida quotidiana. Cuidavam deles conscienciosamente e transportavam-nos para onde quer que fosse, cuidando das relações que precisavam de atenção e muito mais. Nenhum sonho ficava sem atenção. Viviam há alguns milhares de anos nesta beatitude tranquila. Então, começaram a suspeitar que iria acontecer uma desgraça na sua própria criação que não podiam impedir. As sacerdotisas do oráculo que receberam as mensagens das suas viagens de visão e que para isso, regularmente deitavam-se a dormir três dias e três noites, tinham recebido esta notícia. Nessa altura, a minha viagem de sonho pareceu ter dado um salto.

Subitamente, encontrava-me agora cerca de 5000 anos antes da nossa medição do tempo. Entretanto, já nem todos os seres humanos viviam como nómadas. Em primeiro lugar vi que também cultivavam plantas. A desgraça parecia já ter acontecido em regiões longínquas e as pessoas sabiam disso. Decidiram construir o cromeleque como centro de informação, tendo as pedras como memória biocósmica, para as gerações que viessem após a desgraça e estivessem em busca da sua verdadeira origem, na qual todos os seres humanos são constituídos.

Pura e simplesmente como um sonho, vi decorrerem todas estas imagens. Pierre perguntou-me com o que tinha a ver esta desgraça e porque tinha acontecido, mas senti que essa informação me chegaria mais tarde e que ainda não era o momento certo para olhar mais profundamente nesse mito da criação. A minha concentração também não era suficiente para a focagem exacta de números de anos, organização da tribo, vida amorosa, etc.

Na manhã seguinte visitámos a Capela dos ossos. Fora erigida com 5000 esqueletos humanos. A princípio, achei que a ideia de empregar ossos para uma construção não era obscura. Os ossos em si são uma componente tal como também as conchas. Quando vemos ossos, reagimos imediatamente de um modo emocional porque eles estão imediatamente associados com o horror da morte. Mas esta ligação emocional não existe quando vemos diante de nós um edifício feito de conchas. Porque não se deveriam usar ossos para algo com sentido? Com os animais, também ninguém parece respeitar o que acontece com os seus ossos. Esta capela fora erigida em memória dos mortos. Na realidade, era um pensamento completamente brilhante e cheio de significado. Uma asserção escrita no chão recordava que todos nós iremos um dia para o reino dos mortos e os nossos esqueletos se irão acrescentar aos dos outros. "Nós, os ossos aqui reunidos, esperamos pelos vossos", estava escrito no chão em latim. Olhei para uma caveira e Pierre disse-me pensativo: "Imagina, este também podia ser um de nós dois. Uma sensação estranha, a ideia de que nós respeitamos os nossos próprios esqueletos." A ideia de que observávamos um esqueleto de nós próprios de uma vida anterior tocou-me particularmente e causou um certo estremecimento. Mas num pensamento mais sóbrio, a minha disposição interior alterou-se. Para os nossos antepassados, era provavelmente um tanto normal que viéssemos e tornássemos a voltar quando quiséssemos. E talvez até ainda soubéssemos muito exactamente onde é que tínhamos abandonado este planeta da última vez.

No tecto estavam gravadas as mais diversas situações, quando, onde e de que modo a morte nos podia alcançar em toda a parte. Imagens comoventes, por vezes trágicas e, outras vezes, quase emocionantes. Mas algo não batia certo. Depois de ter observado tudo em sossego durante cerca de dez minutos, senti um violento espasmo na região do estômago. A sensação de que aqui uma mão perversa poderosa tinha agido e não uma sagrada reverência da morte, impunha-se em mim com toda a força. De onde vinham afinal estes ossos? Teriam sido roubados num cemitério, eram cadáveres de uma batalha ou vítimas da Inquisição? Extraordinariamente, vi muitos aleijados a percorrer esta igreja com rostos muito doentes. *"São tudo almas que não se separam do seu esqueleto que estão densamente comprimidas de uma maneira pouco natural. Por isso, as almas não se conseguem realmente desprender. A maior parte delas morreram de um modo não natural. Por isso, existem muitas que até hoje não compreenderam que estão mortas"*, passou-me pela cabeça. Que ideia arrepiante a de que as almas estivessem presas aos seus esqueletos e não pudessem desprender-se. "Eh! Vocês estão mortos, podem-se retirar para esferas muito mais agradáveis", sussurrei na escuridão da capela como se estivesse a falar com os mortos. Fiquei então tão indisposta, que abandonei à pressa a nave da igreja. Lá fora, na praça do mercado ligada directamente à igreja, tumultuava muito povo. Curiosamente, havia também aqui muitos aleijados. Aumentou mais ainda a impressão que tivera no interior da igreja, de que aqui muitas almas tornam sempre a incarnar porque, inconscientemente, estiveram ligadas a este lugar através de uma vida anterior. Pedi a Pierre para mudarmos de lugar. Subimos as ruelas em direcção à catedral e contei-lhe as minhas impressões. "É extraordinário visitar contigo lugares históricos", disse ele pensativo.

Na catedral fomos recebidos por uma disposição completamente diferente. Gostei imediatamente do claustro desta igreja. Expressava-se aqui o espírito positivo da pura religiosidade cristã e este conservava-se na arquitectura que o reproduzia. É também reconfortante descobrir lugares que às vezes nos transmitem a impressão de que também na história da nossa cultura existiu um espírito nobre, sincero, que de facto procurava a humanidade, a paz e o amor cristão ao próximo. Por que são esses lugares tão raros? Nesta catedral consegui imediatamente sossegar. Viam-se aqui os monjes cristãos que estudavam, trabalhavam e oravam para se aproximarem de Deus, de acordo com o dito *Ora et labora*. Não soprava aqui o bafio de uma sexualidade perversa e o fedor de uma beatice vuluptuosa que, de resto, encontramos tantas vezes nas paredes das igrejas. Além disso, viam-se também aqui homens sérios e rostos de homens que iam atrás de todas as heresias, que sucumbiriam ao sacrilégio do demónio com o seu desejo físico pelas mulheres. A pura ascese do homem irradiava aqui ao nosso encontro, talvez até prezasse a alma de uma mulher, mas não o seu corpo. Eu própria considerei Teilhard de Chardin como um dos mais nobres espíritos que se salientaram nesta história da cultura até aos dias de hoje e davam testemunho de uma verdadeira humanidade e pesquisa.

"Quanto tempo demorará até corpo e espírito se encontrarem juntos?" pensava eu, enquanto andava pelo claustro. "Quanto tempo demorará até que o espírito feminino e masculino possam, de facto, reconciliar-se um com o outro e entenderem-se?"

Subimos juntos os degraus para o telhado da catedral e apreciámos a vista imponente sobre a cidade. Pierre estava completamente no seu elemento. Sentámo-nos nos degraus e falou-me da cultura da ordem da maçonaria dos construtores, sobre a ordem dos Templários e a Escola de Chatres. Inconscientemente, suspeitava que havia uma conexão entre a cultura do cromeleque e as Ordens dos Templários, entre as obras de construção da arquitectura gótica, os lugares que tinham sido escolhidos para isso e os lugares de energia primitiva, sobretudo, as culturas impregnadas de feminilidade, mas não conseguia ainda num pensamento claro formular esta suspeição. Lembrei-me de quantas catedrais se chamam Nossa Senhora e de quantas igrejas foram construídas em lugares de culto pré-históricos. Ter-se-ia querido através dos séculos, inconscientemente, salvar o conhecimento feminino apesar de este ser permanentemente oprimido no exterior? Ou ter-se-iam escolhido estes lugares para os desapossar da sua antiga magia feminina?

A Utopia Concreta

Tens de conseguir este ano. Agora é o tempo do crescimento e da clara descoberta da profissão. O tempo da iminente sedentarização. Se este ano não encontrarem o lugar para o biótopo de cura, não acontecerá certamente mais nada nos próximos dez anos. É a tua missão profissional contribuir para o nascimento de um lugar na Europa, uma espécie de modelo histórico para uma nova vida em conjunto, para o desenvolvimento de novos modelos sociais e para novas formas de comunidade."

Após esta iluminação no cromeleque sabia que, nesse ano, tinha de mobilizar toda a minha energia para poder realizar a compra de um lugar. Mas primeiro tínhamos de encontrar financiamento, porque nós próprios tínhamos muito pouco para poder comprar um lugar desses. O proprietário do terreno em Rogil era um dos proprietários que certamente não tinha nenhuma simpatia comunista, mas antes alguém que ainda lamentava os tempos anteriores à revolução. Foi contagiado pelo nosso entusiasmo pelo seu local de uma outra maneira. "Se a minha terra vos agrada tanto, então também podem certamente pagar bem", parecia ser o seu pensamento. Era completamente amistoso, mas determinado. Três milhões de marcos alemães eram a sua expectativa sempre repetida firme e claramente. Fiquei presa neste lugar de corpo e alma, mas ao referirem a quantia fiquei aflita porque me pareceu, apesar do local esplêndido, desmedidamente exorbitante. Sabia que iria investir muito para alcançar o biótopo de cura, mas três milhões eram simplesmente inaceitáveis. Treinara-me desde há muito na regra: "Se queres realmente alguma coisa, risca em ti todos os *Não* da tua vida" mas como conseguir três milhões para este lugar, não havendo para isso nenhuma ressonância confiável no meu interior. Estaria talvez de novo demasiado fixada? Ou na realidade ainda não queria completamente?

Ligara-me ao local e já não conseguia agora abrir-me para as dádivas reais que estavam preparadas cosmicamente para nós? Ainda me lembrava bem da afirmação que me veio na minha primeira viagem a Portugal, quando estava numa baía maravilhosa na costa ocidental. *"Este não é um lugar para se estabelecer. Este é um lugar para exercícios de um tipo especial, para a reflexão quando se trata da reunião de um novo espírito de abertura e de novas ideias. O Ocidente é a energia da partida."* Eu não me esquecera disso. Mas, fundamentalmente, furtei-me sempre à mentalidade de colono. Na minha ideia, já me tinha fixado muito no mar, na costa selvagem que estimula e liberta o espírito utópico. Amava ter água perto de mim. No interior do país, temia apenas que adquiríssemos a mentalidade de um emigrante que apenas pensa nas suas enxadas, nas suas cenouras e outras plantas, tornando-se ele próprio tão verde quanto a natureza à sua volta. Não queria regressar à natureza e à idade da pedra, mas a um futuro que nunca tivesse existido aqui, era nisso que pensava. Por isso, na minha demanda evitei durante muito tempo o interior do país. Às vezes até sonhava com um porto próprio directamente na costa, onde pudéssemos ancorar o nosso barco de investigação de golfinhos.

Em Portugal já existem muitos emigrantes alemães sem perspectiva, que moram nas suas casas alentejanas rurais, muitas vezes caídos no álcool ou outras drogas. Resignaram-se. O seu sonho de uma vida melhor no estrangeiro morreu. Tinham sonhado com o idílio rural, o próprio jardim no campo, a vida livre e autónoma, a comunidade com crianças e animais. Não sabiam que só com grandes dificuldades, o sonho tem uma hipótese de realização e só com uma gigantesca mobilização este era realizável. As crianças choramingavam, o vizinho tornara-se desconfiado, o dinheiro tornou-se escasso e já não havia um objectivo. Apesar de fazerem os seus jardins, ninguém sabia como funcionava uma vida melhor e já não havia nenhuma esperança estampada nos seus rostos. Os muitos emigrantes que viviam sem objectivos e sem planos já ameaçavam tornar-se um verdadeiro problema para o país.

Através das minhas diversas experiências em comunidade, já não me aproximava completamente ingénua do sonho da vida autónoma. A nossa intenção era conseguir um caso modelo para a habitação ecológica, construção e vida – a constituição de um biótopo total no qual o ser humano estivesse incluído com as suas possibilidades de vida e a sua alteração pessoal. Mas uma dificuldade consistia em que toda a zona costeira tinha há pouco sido declarada Reserva Natural e teríamos imensas dificuldades de toda a espécie com licenças de construção. Sonhos utópicos são uma coisa, a sua realização concreta é a outra ponta de uma longa cadeia de acontecimentos. Era uma destreza elevada, reunir estes dois elementos de modo a que se complementassem verdadeiramente e se alimentassem mutuamente.

Sentia simplesmente que tinha de me dedicar uma vez mais à procura. Já tinha sentido no cromeleque uma energia de grande auxílio, mas que não se referia muito claramente ao lugar que tínhamos escolhido. Surgia sempre a advertência para me manter aberta para novas mudanças. Nas horas calmas, Pierre perguntava-me porque é que afinal queria concretizar um projecto tão gigantesco, especialmente num tempo em que tantos sinais mostravam o contrário. "Porque é que pensas que isso é mesmo desejado? E como é que pensas poder concretizá-lo, se não é mesmo desejado?" – perguntava-me sempre categoricamente. "A imprensa, os media, a venda lenta dos nossos livros. Não é isso um sinal claro de que a nossa ideia simplesmente não é compatível com o actual espírito do tempo? As pessoas estão demasiado feridas no domínio amoroso para poderem ainda acreditar numa possibilidade positiva na vida e no amor, já para não falar no amor livre. Como eles próprios não acreditam nisso, também não conseguem tolerá-lo na sua vizinhança. Porque é que ainda queremos remar sempre contra a maré? Porque é que não nos conformamos com os acontecimentos do tempo e nos dedicamos a processos completamente diferentes? Porque não nos basta uma casa de portas abertas ao público na Alemanha, onde convidássemos os nossos amigos, levássemos uma vida erótica livre e, lentamente, contruíssemos um círculo político que prossiga as nossas ideias?"

Ele queria com isso retomar o seu velho amor pela poesia e pela natureza. Eu conhecia Pierre. Realizava as novas experiências de pensamento sempre até ao fim. Suspeitava que ele não queria realmente uma casa de portas abertas na Alemanha. Pensava nesses termos para se proteger de possíveis desilusões e assim colocava-me à prova. Decidi que em caso de urgência também iria sozinha para Portugal, muito decidida e com a certeza interior de que ele um dia viria a seguir. Era como uma necessidade interior. Sabia que nesse ano iria outra vez fazer tudo para encontrar o lugar certo. Seria isso algo como uma vocação cármica? Não sabia. Só sabia que tinha de fazê-lo, estava tomada por esse pensamento. Caso realmente não acontecesse neste ano estava então, interiormente, preparada para repensar tudo de novo. Mas agora só havia uma direcção.

Para conseguir obter clareza acerca de todo o processo, escrevi no meu diário: "Vou agora fazer tudo para que o lugar para o biótopo de cura seja encontrado em breve. Neste processo, irei crescer e aprender a avaliar as minhas energias de concretização. Aconteceu uma luta completamente existencial. Precisamos desse local, se quisermos também evoluir no domínio de eros e do amor, quando inclusive reconhecemos nisto alguma relevância socialmente curativa. Só nos atrevemos nos temas eróticos, se pela sua solução nos ligarmos também a uma perspectiva de pátria, de lar. O biótopo de cura tem de ser um lugar no qual permanentemente possa ser levada uma vida sensual. Precisamos também de um local para a investigação no domínio da ecologia, da arquitectura, da arte, da alimentação, etc. As mulheres só vão querer resolver a sua questão erótica, quando na sua amizade com o homem virem também uma perspectiva e quando noutras áreas temáticas encontraram uma verdadeira e excitante ancoragem. A longo prazo o sexo torna-se aborrecido, quando não está sequer ligado com uma perspectiva de vida e de amizade com o homem. Em vez disso, esta cultura que cada vez mais se afasta do amor sensual entre os sexos e exila o sexo na secção pornográfica, não oferece nenhum tipo de perspectivas. Uma vida erótica excitante, está ligada à busca de novas perspectivas de vida, caso contrário a vida erótica não pode permanecer excitante. Rebentam as ideias burguesas da nossa cultura em todos os domínios. Mulheres e homens precisam de perspectivas profissionais de longo prazo, que tenham algo a ver com a aventura da vida e do amor. Muito concretamente, não podemos continuar permanentemente a oscilar entre um mundo antigo e um novo. A transformação exige outro empenho. Quem dá o primeiro passo, devia também dar o segundo e o terceiro. Estamos todos desde há muito num processo de aburguesamento, acerca do qual ainda há pouco teríamos rido. Estávamos numa preparação permanente, agora é tempo de ser feita a colheita. Aquilo em que Pierre já há tanto tempo tinha conceptualmente trabalhado, o pensamento para a formação de campo ou de treino descrito de modo tão esclarecedor no seu texto *Políticos para uma Terra Livre de Violência*, precisamente aquilo em que dediquei completamente os meus últimos anos, exige agora a sua completa concretização. É uma imagem poderosa que impele à concretização, quando as resistências ainda são tão elevadas. Será? Quer. É imperativo… É como se o cromeleque me chamasse do passado distante e me indicasse o meu caminho para o futuro."

Escrevi, tornei a escrever e, dessa maneira, reuni energia e determinação. Fiquei doente, com febre alta – era como se todo o meu corpo se quisesse preparar para uma nova decisão. Saí purificada e decidida deste processo. Mesmo o pensamento de que Pierre chegaria a outra decisão já não me detinha. Sabia que isso não causaria nenhuma ruptura na nossa amizade e sabia que com isso os nossos caminhos não se separariam realmente. "Quanto mais complexa a vontade de concretização, mais forte será a energia cósmica que aflui. Este é um princípio funcional que precisa agora de redenção", escrevi ainda. De novo expandi a minha crença, que me deveria levar a novas margens. Sentia-me ordenada para descobrir as regras espirituais acerca disso, que se econtram num plano mais elevado do universo do que as antigas estruturas de poder e dinheiro, ou de domínio e opressão, ou de culpados e vítimas e, por esse motivo trazem em si energia de concretização. Estava convencida de que para isso existiriam informações disponívéis. Sabia que o sucesso dependia cada vez mais de desenvolver, distinta e precisamente, uma visão e uma imagem de uma utopia concreta que considerasse viável e que satisfizesse o desejo de amor das pessoas. Desejo e esperança, eram os meus depósitos de energia, os quais sabia que tinha de cuidar e cultivar. Também sabia que apesar da realidade existente, tratava-se de educar as energias interiores de confiança. Exercitava-me continuamente nisso.

Um alemão que vivia em Portugal e conhecia o meu livro *Der Hunger hinter dem Schweigen (A Fome por Detrás do Silêncio)*, escrevera-me uma longa carta e recomendou-nos um terreno no interior do país, a cerca de 25 km da costa. Uma manhã, durante a minha meditação vi uma águia lá no alto a voar sobre nós. Fez os seus círculos sobre nós e tornava sempre a voltar. Decifrei este voo como se fosse um sinal, como se ela quisesse delimitar uma região. *"Hoje, permanece acordada. Hoje, serão descobridores. Têm de ser rápidos e precisos na decisão."* Esta inspiração era muito forte e quando partimos levei-a comigo pelo caminho.

Dois porcos íam à frente do nosso carro e obrigavam-nos a conduzir à velocidade de caracol. "Vê, a deusa conduz-nos", disse eu a rir e pensava na deusa feminina primordial que na mitologia é sempre representada como um porco. A alma de pintor de Pierre era arrebatada pela aridez da paisagem e brilho incolor, pelos sobreiros e terra seca castanho- avermelhada e pelos cada vez mais inspirados cenários. Com a melhor das disposições aproximavamo-nos da propriedade. Era um terreno com cerca de 140 hectares, com os mais diversos montes e vales, diversos pequenos lagos e muitos sobreiros. Diante dos nossos olhos, espalhavam-se pela paisagem as estevas típicas da região. Em todo o terreno havia ruínas isoladas, muitas casas em construção jamais concluídas. Ao longo do caminho, encontrámos uma clareira onde estacionámos o carro. À direita e para cima ia-se para uma velha casa de campo, à esquerda para um átrio gigantesco. "Esta é a tua galeria", disse eu a rir a Pierre. "Já a procurámos sempre no Vale do Ruhr quando começámos com a construção da comunidade." Pierre saiu do carro e seguiu directamente na direcção do átrio, eu subi o monte até à casa de campo. Atrás da casa usada como estábulo, estendia-se um grande campo plano. Cumprimentei o pastor e a sua mulher com as poucas palavras de português que conhecia. Ele começou imediatamente a falar como uma catarata. "Boa, boa", repetia ele sempre. Dizia que aqui era maravilhoso. Que trabalhava aqui há dez anos. Que o local estava à venda e tinha muita água, compreendi eu, isto é, suspeitava eu das suas palavras. Começou a andar e acenou-me para que o seguisse. Saltou apressadamente o declive para baixo onde borbulhava água de um grande cano que me ofereceu a beber. "Boa, boa" repetia sempre. Depois levou-me ainda mais para baixo no vale. Virámos num prado, a paisagem transformava-se numa planície encantadora e fértil. Ao longe, vi uma palmeira alta no vale. Havia aqui centenas de oliveiras, que aumentavam mais ainda o cintilar do ar de

Verão através das suas folhas cinza prata. No final do prado, junto à palmeira, chegámos a um grande tanque. De novo fluía água em abundância, o que me pareceu um milagre devido à grande seca que Portugal vivera nos últimos quatro anos. Uma fonte parecia correr aqui durante todo o ano com abundância. Nas proximidades, o pastor tinha feito para si uma pequena horta, e as laranjeiras maravilhosas davam-nos a sensação de estar em pleno paraíso. Quem diria que esta região austera, pudesse ser também tão fértil!

Neste lugar, comoveu-me um júbilo interior e uma alegria tranquila. Rapidamente, fui sozinha à fonte e fechei os meus olhos. Curiosamente surgiu-me logo o cromeleque à ideia. Soube de imediato que tinha chegado. Era como um regresso a casa. Era como se este lugar estivesse há eternidades à nossa espera. "Tens de construir aqui o lugar do oráculo", do meu íntimo chegou-me esta informação. "*Este lugar tem uma energia virtuosa superior, mas também necessita de tratamento. Existe uma lesão. À sua superfície há muita destruição que necessita de atenção. Poderão recuperar a camada mais profunda e saudável que este local possui e protege no seu íntimo e que responde à chamada, quando aplicarem as vossas energias curativas.*"

Portanto, o lugar esperava então pela redenção. Esta impressão aumentou cada vez mais ao longo de tempo. Era o biótopo sonhado ainda não existente, mas tudo estava à espera para ser construído aqui. Era como se desde há muito a paisagem já sonhasse um sonho, como se tivéssemos atravessado muitos espinhos e cardos em direcção ao castelo da Bela Adormecida que dormia ali há séculos e devesse ser agora acordada do seu sono.

A partir deste momento, devia correr tudo muito depressa. O cromeleque atraiu-me outra vez. Fui até lá para me recolher e para me preparar para os próximos acontecimentos e tornar a verificar a exactidão das minhas impressões. "*Age agora depressa. Está certo e é importante*", foi a confirmação sóbria que, uma vez mais, se consolidava.

No dia seguinte, encontrei-me com o proprietário, um antigo latifundiário. Falámos em francês. Ele parecia tenso e muito doente. Parecia que éramos uma dádiva dos céus para ele. Contou que tinha de vender o local porque se tinha endividado no banco. Depois disse que tinha pressa e que caso não encontrasse comprador na semana seguinte, todo o terreno voltaria para a posse do banco. Fiquei a saber que o lugar com pavilhão, dois edifícios concluídos, as ruínas, fontes, lagos, etc., devia custar 600.000 marcos alemães. Era quase oferecido. O banco certamente que não o venderia por esse preço. Agora percebia porque tiveramos de agir rapidamente. Liguei para a Alemanha e expliquei a situação. Ainda no próprio dia ficámos a saber que os amigos, que participavam na compra e queriam ajudar na construção, nos ofereciam total confiança e que simplesmente devíamos agir, apesar de ainda não estar claro como é que iríamos reunir os fundos. Mas não duvidei um segundo da possibilidade de consegui-lo com a ajuda de amigos, que queriam participar neste propósito. Decidi assinar o contrato. Sentia-me como a parteira e guardiã de uma tribo futura, e quanto a tudo o que iríamos necessitar para a construção, conhecia a fonte de informação no coração de Portugal que desde há milhares de anos esperava pelas pessoas: o meu amado cromeleque.

Na Fonte Primordial

Tinha agora acontecido aquilo com que ansiava desde a minha juventude: tínhamos encontrado um lugar que era suficientemente grande para aí construir e concretizar uma grande comunidade de vida. Nos últimos anos tínhamos reunido conhecimento suficiente para podermos concretizar este sonho de um modo realista.

Ocupámos a antiga adega e projectámos os nossos planos. Diariamente fazíamos as nossas caminhadas pelo terreno, descobrindo sempre novos lugares que nos entusiasmavam. Surgiu muito depressa, diante dos nossos olhos visionários, um modelo e um esboço de como imaginávamos a sua concretização ao longo de alguns anos. Um picadeiro, um santuário e lugar de cura, uma casa de hóspedes e um parque de campismo, diversos locais de energia, o edifício sacro no centro do terreno, o local do oráculo ligado a um parque erótico, o laboratório com parque tecnológico, o hotel da juventude, o lugar para a escola livre, os locais de encontro internacionais, um edifício de recepção com uma galeria e um quiosque, um restaurante e uma loja, um ponto de encontro para banhos, jardins e parques de paisagem – tudo isto projectava-se já na nossa fantasia. Com espírito brilhante planeávamos o quê, como e onde seriam as construções.

Na mesa de campismo, foram desenhados os planos. Surpreendentemente, chegámos a formas muito semelhantes de ver este processo de implementação, apesar de nunca termos anteriormente falado sobre elas. Era como se o terreno sonhasse um sonho que nós tínhamos agora de recuperar. Tive a certeza, relativamente depressa, que chamaríamos *Tamera* a esse local, um nome que já nos tinha surgido no nosso último acampamento. Significava *Na Fonte Primordial*. Só muito mais tarde soube que o antigo Egipto também se chamava Tamera. Este nome era adequado não só pela beleza do seu som como também pelo seu significado, que nos pareceu muito adequado, porque através da fonte no local do oráculo e dos muitos lagos, fôramos abençoados com muita água. Mais tarde, descobrimos que dispúnhamos até de uma segunda fonte com água abundante.

A outra linha de sentido que liguei ao nome conduziu-me ao cromeleque, pois este há muito se tornara para mim uma fonte espiritual primordial com a qual queria aprender muito e no qual iria com certeza, frequentemente, pedir novas informações para a construção da vida comunitária em Tamera. Estávamos finalmente diante da tarefa de construir uma "Tribo" pacífica e contemporânea, isto é, uma forma autónoma de comunidade de vida, com carácter de modelo para uma sociedade real de paz do futuro. Tínhamos também trabalhado nos últimos 20 anos – pode quase dizer-se como ocupação principal – nas questões de comunidades funcionais, mas agora estávamos perante um nível de concretização completamente novo e o cromeleque abria-me sempre novos modos de ver e novas perspectivas sobre este tema. Apesar de também não querer copiar a vida da tribo que ali me ia sendo apresentada, esta tornou-se cada vez mais um exemplo e servia como um forte impulso de reflexão para tudo aquilo que queríamos concretizar.

Visitava diariamente a fonte, o futuro *local do oráculo*, porque sentia uma ligação especial com este lugar. Um desenvolvimento espiritual completamente novo iniciou-se em mim, naturalmente, em ligação com as experiências que tinha feito no cromeleque. Quero dar apenas um exemplo: quando mergulhava na meditação junto à fonte, tinha várias vezes a impressão como se dos pássaros, das palmeiras ou, imediatamente também da figueira me chegassem informações. Cada vez mais forte, aprofundava-se a sensação de que toda a paisagem à minha volta era animada e falava a sua própria linguagem, que podia ser também decifrada pelas pessoas. Repentinamente, enquanto tinha os olhos fechados, ouvi particularmente alto o sussurrar da palmeira com as suas folhas. Naturalmente, qualquer pessoa normal pensaria que este sussurrar vinha do vento. Apesar disso, naquele estado meditativo, senti-o como expressão pessoal da palmeira enquanto ouvia simultaneamente no meu íntimo: *"Leva tudo o que aqui encontras como um sinal e aprende a compreendê-lo."* "Então este sussurrar da palmeira tinha uma mensagem especial?"- retorqui excitada. De novo surgiu o sussurro alto e concentrei-me nele com maior intensidade. "Liberta-me das amoras silvestres", percebi muito sóbria e claramente a mensagem. Tive de me rir, a que trabalhos simples e elementares as minhas tentativas de contacto me levavam. Nesse momento, um rouxinol pôs-se em cima da palmeira e começou a chilrear. Senti-o também como mensageiro da deusa, representando o espírito protector do local. *"Acompanho este local com o meu espírito protector. Este lugar está em relação imediata com o cromeleque. Não é por acaso que aqui estão uma palmeira e uma figueira. Ambas são antiquíssimos símbolos da deusa."*

Enquanto registei estas inspirações, olhei para a paisagem diante de mim que se assemelhava ao corpo de uma mulher adormecida e modelada, ali jazida. Sentia mesmo, apesar desta forma de contacto imediato ser nova para mim, a sua autoridade interior. A partir deste momento, comecei diariamente a tirar amoras da fonte, e ao fazê-lo sentia-me como num conto de fadas. O rouxinol vinha regularmente quando começava a rezar. Não que eu percebesse o próprio pássaro como sendo a deusa. Era antes como se a energia das deusas se servisse de todas estas energias para transmitir as suas mensagens e falar esta linguagem abrangente que na palmeira, na figueira, no rouxinol e em toda a parte eram audíveis de uma maneira própria. Quando me encontrava no estado normal, o pássaro era um pássaro. Se entrava em oração interior, ouvia através do pássaro uma determinada informação da deusa. Só aqueles que se conectarem completamente com os seus sentidos aprenderão e compreenderão esta linguagem. Eu mesma, sentia-me cada vez mais uma mensageira da deusa.

    Tamera levou-nos à aprendizagem do que chamo de ensinamento *da deusa* dado que, cada vez mais, me habituara a ligar-me com a imagem que através da vida dos antepassados me foi dada a ver de tão perto no cromeleque, ao comunicar directamente com a deusa. Cada vez menos, ela aparentava ser um símbolo empoeirado e antigo de passados longínquos. Cada vez mais, percebia directamente a parte animada da criação que através da terra, das plantas e animais, dos elementos e acontecimentos síncronos queria comunicar com o ser humano, desde que estivesse preparado para isso. Para mim, com o passar do tempo, as rãs, serpentes, louva-a-deus, escorpiões e muitos outros, tornaram-se cada vez mais aspectos da deusa. A própria Terra era a deusa. Foi isso que aprendi, cada vez mais com a ajuda do cromeleque. Aqui, em Tamera, só podíamos realmente viver se estivéssemos dispostos a confrontar-nos com os elementos. Era também aqui necessária uma compreensão modificada do tempo, para me poder familiarizar com os elementos e a natureza.

    Quando quis começar com o traçado do local do oráculo, fui para o vale com o meu material de pintura e encontrei uma serpente maior que eu. Até então, tinha bastante medo destes animais. Agora, com grande interesse, prestava-lhes atenção. Entendi a sua aparição imediatamente como um sinal. Não era ela um antiquíssimo símbolo de cura e sexualidade? Não era ela a companheira íntima das antiquíssimas figuras de deusas? Juntamente com Pierre, passei alguns dias e noites no lugar do oráculo e ocupava-me com o tema da deusa e da serpente. Paralelamente, trabalhava num painel para a entrada, no qual pintei uma figura das deusas com uma serpente como companheira, uma figueira e uma palmeira ao fundo. No tanque do oráculo, encontrámo-nos com uma outra serpente. Chegávamos, através da nossa acção, a um espaço próprio de percepção mediúnica e festejámos juntos a criação e o lugar. Então a minha fobia de serpentes podia transformar-se tão rapidamente? Estava espantada com o impacto desta experiencia, porque desde então o medo de serpentes tinha desaparecido.

Numa tarde de Verão, enquanto me sentava de olhos fechados no terraço da adega, escutava os grilos, as rãs e os chamamentos das corujas. Era como se em conjunto estes produzissem uma determinada oscilação e frequência, em ressonância com um acontecimento de energia maior. Tinha sido um dia quente e estava agora contente com a frescura que a noite trazia. Pensei em como seria bom se algumas gotas de chuva refrescassem agora a Natureza e os nossos corpos. Mantive os olhos fechados e tentei sentir o acontecimento de ressonância. A cada tentativa, proferia eu própria determinados chamamentos. *"Dessa maneira cooperaram antigamente as bruxas com as rãs, grilos e pássaros, para seduzir os espíritos do clima a fazer chuva"*, passou-me pela cabeça. Continuei a escutar o acontecimento, proferi os meus chamamentos e ficava à escuta se os animais me respondiam. Para mim era como se déssemos conjuntamente um grande concerto em honra da deusa. Devo ter estado sentada ali quase uma hora assim absorta. Quando abri os olhos, verifiquei espantada que se tinham formado nuvens negras de tempestade. Isso não era propriamente usual nessa época do ano. Cerca de dez minutos depois, relampejava, trovejava e caíam fortes chuvadas do céu. Este espectáculo inspirou-me um respeito tão grande, que não queria repetir sem mais nem menos o jogo do chamamento com as rãs e corujas, a não ser que recebesse uma clara missão interior para o fazer. Reparei que me encontrava num processo de aprendizagem e transformação. A minha vida espiritual anterior estava mais ligada ao mundo espiritual e ao mundo da luz. Aprendia agora cada vez mais a conhecer tanto o aspecto espiritual da própria matéria, como também as energias que são frequentemente ignoradas e permanecem obscuras na nossa cultura. Desta forma, rapidamente, misturava-se um medo ou rejeição inconscientes. Constantemente, sucediam eventos que despertavam muitas emoções e levavam a disputas vindas de camadas inconscientes. Também aqui se tratava de descobrir e compreender o sóbrio e preciso espírito da criação. *"Quando não cedes às tuas emoções, a vida tem sempre uma resposta que ajuda, cura e uma informação importante pronta para ti. As energias divinas são poderosas mas, espontaneamente, não são violentas"*, era uma das frases espirituais centrais que tinha de compreender cada vez mais profundamente.

Interessante era como *a deusa* nos enviava sempre as pessoas certas, prestáveis na solução de problemas. Em pouco tempo, os pavilhões foram expandidos e preparados para o Inverno. Vieram os primeiros investigadores sobre energia e, apesar de o nosso lugar não estar ligado à rede eléctrica regional foi assim transformado, rapidamente, o primeiro estábulo de ovelhas num escritório com computadores e recepção. Decidíramo-nos conscientemente contra a ligação eléctrica regional porque queríamos também desenvolver modelos autónomos no abastecimento de energia. Surgiu muito rapidamente uma ligação interessante entre *Hightech* e vida simples.

Ao dormirmos, na maior parte das vezes lá fora, familiarizávamo-nos com o local, realizávamos cursos de sonho ou de arte e conhecíamos com Pierre o terreno projectado. Vivemos a seca, a aridez do Verão e o calor português. Mais tarde, no Inverno, chuvadas invulgares que um ano depois foram até tão fortes que se formou uma violenta tempestade no jardim do oráculo, arrastou consigo as nossas obras de arte construídas de novo e todo um muro de barro. A chuva caía de tal maneira do céu que provocou cheias graves em todo o Portugal e, num lugar vizinho, custou até algumas vidas humanas. Vivemos dois grandes incêndios, como se a deusa nos quisesse imediatamente familiarizar com todos os seus elementos. Mas vivemos também a protecção imediata, de maneira a que ficámos poupados de grandes desgraças.

O primeiro fogo foi causado pela faísca de uma escavadora. Era tão violento que via já diante de mim toda Tamera em cinzas. O fogo investiu com elevada velocidade através do campo. No meu choque via já em chamas a minha cabana, que se situava no outro lado do campo e só no Outono anterior fora concluída. Não tínhamos água corrente e fomos instruídos a ir buscar água dos tanques com baldes ou a atacar as chamas. Já não via mais nenhuma possibilidade de extinguirmos o fogo com os nossos próprios meios, apesar de todos os presentes estarem imediatamente operacionais. De súbito, no meu desespero veio-me muito claramente a ordem: *"Vai meditar!"* Sentei-me diante da minha cabana e entrei em oração interior. Como uma criança pedi ajuda e pedi directamente aos ventos para que ajudassem a que o fogo pudesse ser extinto. Como um acontecimento síncrono, a vivência interior ligou-se com as circunstâncias exteriores. Estabeleceu-se em mim, imediatamente, um grande sossego. Isso relacionava-se com o facto de o vento ter imediatamente abrandado um pouco e da sua direcção ter de facto alterado ligeiramente. O pânico desapareceu e senti que tudo ia correr bem. Para mim era como se estivéssemos sob protecção. O fogo não alcançou de facto a minha cabana, mas antes descia agora a encosta. Opticamente, aumentou mais uma vez violentamente. As estevas arderam como mechas e as árvores maiores foram também atingidas. Com cerca de 30 pessoas, trazíamos baldes de água dos tanques, formávamos filas e fazíamos o que podíamos. Estava agora muito tranquila. Era impressionante como simplesmente nos complementávamos na nossa operação e, muito facilmente, cada um descobria onde fazia falta. Posteriormente, esta acção tornou-se para mim num símbolo de uma comunidade funcional, na qual cada um ocupa completamente o seu lugar e está em condições de manter sem muitas palavras o fluxo de comunicação. Finalmente, chegou a ajuda dos bombeiros e a partir do helicóptero começaram com acções de extinção. Cerca de duas horas depois, o fogo estava extinto. Só alguns troncos de árvores ficaram a arder. O campo queimado e negro lembrou ainda durante muito tempo o ocorrido. A minha fé no apoio divino que surge imediatamente quando entramos em ressonância com ele, cresceu. Compreender estas leis da ressonância tornou-se cada vez mais uma tarefa para a vida.

Também com o dinheiro, vivemos o nosso milagre. Exactamente na data limite, reuníramos o dinheiro que precisávamos para a compra do local. Para além disso não tínhamos nada. Quando já não havia mais nada sentíamos a tendência para nos preocuparmos seriamente. Nestas alturas, a deusa intervinha sempre de algum modo, através de um anúncio, uma inspiração invulgar, um sonho ou um convidado surgido por acaso, que nos continuava a ajudar. Nós próprios mudávamos, imperceptivelmente, tanto através destes acontecimentos existenciais como também de acontecimentos mais subtis. Começámos a viver de modo mais saudável, o contacto com a natureza tornou-se mais íntimo e, paulatinamente, cresceu em nós algo como uma expectativa que nos dava cada vez mais energia e coragem para defender o sonho de Tamera, em todos os âmbitos. O cromeleque e o seu exemplo deram-me também a coragem para investigar a área da cura e aqueles domínios da vida nos quais já se instalara uma resignação mais ou menos consciente. Cada um de nós, tentava cada vez mais reconhecer e cumprir a sua própria função no todo. Quando isso não acontecia por si só, éramos então confrontados com essa incoerência através de acontecimentos exteriores, pequenos acidentes ou momentos de sorte. Sobretudo, Pierre defendia sempre que os objectivos espirituais de

Tamera, incluindo os da cura e da auto-cura, deviam permanecer presentes para todos, em todos os trabalhos de edificação. A tendência das pessoas para se afundarem no trabalho e, assim, esquecerem o seu próprio sentido, foi sempre um obstáculo com o qual todos nós tínhamos de lidar. Não tínhamos apenas temas materiais para resolver mas, sobretudo, também espirituais. Quantas vezes por hábito, acreditamos muito mais facilmente num problema e na sua insolubilidade do que na sua possível solução! Trabalhar na solução exige a permanente disposição para uma postura de vida modificada, em todos os pormenores. Recebemos indicações claras para lidarmos adequadamente com as coisas, devagar e minuciosamente.

Queríamos que o ainda não solucionado tema actual do erotismo, tivesse em Tamera uma oportunidade. Nesse sentido, teríamos de lidar e resolver a questão de uma maneira ainda mais ampla do que até então nos fora possível conceber. O olhar sobre a lesão histórica no domínio de Eros e sobre a necessidade da cura sexual, foi aprofundado essencialmente com o cromeleque. Podíamos sempre observar quantas pessoas fracassavam nos temas sexuais não resolvidos. Podia-se ver nelas simplesmente o desejo de uma amizade íntima sexual e duradoura com uma pessoa, sem o desejo de uma vida erótica livre. Para a maioria das pessoas, parece surgir um Ou-Ou categórico. Relação sem Eros, ou Eros sem amizade fixa. Na mitologia do cromeleque, recebera a compreensão deste tema segundo o drama pré-histórico não resolvido. Parecia que se devia procurar aqui a raiz histórica para o surgimento do patriarcado, com as suas estruturas de violência e opressão. Tanto para jovens como para aqueles que eram mais velhos e já não imaginavam nenhuma grande oportunidade para si mesmos, eram necessários novas soluções, se queríamos construir uma perspectiva de vida livre de violência e de medo. Mas isso só era possível se cada membro da comunidade reconhecesse um sentido mais abrangente e uma perspectiva superior para si, que ultrapassasse em muito a questão dos respectivos contactos. Só iríamos conseguir solucionar este tema difícil quando construíssemos em absoluto uma relação com a vida que nos permitisse sair da comparação com outros/as, da concorrência e dos jogos de poder e, que em vez disso, nos ligasse outra vez a uma imagem de nós mesmos tal como, cosmicamente, fôramos concebidos. O cromeleque tornara-se para mim um caso modelo no qual era demonstrado como vivia uma comunidade, na qual cada um reconhecia e aceitava a sua função e missão particular no universo. Uma comunidade saudável e funcional era um biótopo de complementaridade, não de hierarquia.

No cromeleque encontrei respostas tanto para a doença e a morte, como para a juventude, o amor e a comunidade, que foram importantes para a definição do conceito de Tamera. Existiam aqui perspectivas de vida para a juventude e para a ancianidade. Se encontrássemos a solução que nos pudesse ajudar a superar o medo latente fundamental em que cada pessoa na nossa sociedade caíra para, em vez disso, tornar a construir a confiança primordial nas energias e ritmos da própria vida, então, poderíamos construir em Tamera um modelo que teria significado também para as gerações vindouras. Nesse contexto, este podia ser um contributo para a cura de pessoas e da Terra. Vivíamos e trabalhávamos em Tamera com esta visão, que nos dava energia em situações difíceis e nos guiava para além de uma postura demasiado pessoal e ligeiramente perturbada perante a vida.

Comecei cada vez mais deliberadamente com a investigação do sonho e o trabalho na formação da visão. A reconexão sólida com a própria forma completa de cada um, tornara-se para mim uma condição prévia, importante para o funcionamento do todo, tal como a reconexão sólida com o sonho colectivo do ser humano e da sua cura, um sonho de uma vida paradisíaca digna desse nome e, de facto, humana. Teríamos de despender muito espírito, tempo e energia para apreendermos esta perspectiva correctamente. Foi para mim evidente que apenas existia um ser e que tínhamos a tarefa de, sensatamente, reencontrar e continuar o sonho do paraíso original que tanto a Terra como nós sonhávamos. Neste sentido, Tamera deve tornar-se um verdadeiro biótopo de cura. A comunidade pode assim crescer lenta e constantemente. Nos próximos anos vamos começar com a construção de uma escola – uma escola da criação, uma continuação da utopia primordial para todas as questões de sobrevivência, da cura, do amor, da arte, da religião e da comunidade.

Um Modelo Primordial da Comunidade Humana

O cromeleque chamou-me de novo. Já neste primeiro ano em que estávamos em Tamera, tinha decidido ir com um grande grupo ao cromeleque para continuar a investigação mediúnica deste lugar. Para me preparar, pus-me novamente sozinha a caminho. Ao chegar às pedras, foi como se fosse saudada pelos meus velhos amigos. Escolhia sempre a mesma entrada, que percebi como sendo o portão energético para um percurso de meditação interior através do círculo. *A pedra guardiã* já tinha adquirido para mim um rosto muito pessoal. Sentia-me clicada por ela, como já conhecia dos golfinhos iria receber aqui e, normalmente, recebia logo as primeiras indicações. Viera ao cromeleque para encontrar um conceito para um seminário de dez dias de investigação do sonho, tal como planeara ainda para esse Verão.

Desta vez, as minhas células reagiram de novo, inequivocamente, com um formigueiro. Este surgia noutro lugar do meu corpo, consoante a pedra que tocava. Era como se com isso a minha atenção fosse chamada para o órgão físico ou para o chacra através do qual a pedra correspondente desejava comunicar comigo. Na metade superior do círculo, uma pedra maior convidou-me a permanecer. Sentei-me e encostei-me a ela, esvaziei-me interiormente de todos os pensamentos e diálogos e coloquei-me numa postura de recolhimento. Sentara-me com a pergunta: "Que função teria o cromeleque nos tempos antigos? Quando e para que fim estas pedras foram erigidas aqui?" Não tive de esperar muito pela resposta. Rapidamente, comecei a ser invadida por muitas informações que registei no meu pequeno gravador.

"Foi há milhares de anos que viviam na Terra, homens e mulheres muito felizes. Viviam com uma consciência

completamente diferente da que vocês têm hoje. Por esse motivo, só podem compreender de forma aproximada as suas obras e pensamentos. Mas quem traz a recordação no seu coração, pode ainda hoje ouvir o seu apelo de tempos passados. Muitas pedras, plantas e animais contam a sua história. Chegará o tempo em que as pessoas tornarão a compreender a sua linguagem, na qual é desvendado todo o seu segredo e se desenvolve perante os vossos olhos um paraíso que há muito ansiavam e que, finalmente, se torna realidade. Em primeiro lugar, é irrelevante se esse paraíso diante de vós é visto como estando no passado ou no futuro, o importante é que redescubram as informações de criação que estão depositadas em código e são necessárias para a concretização de um mundo perfeito. Elas foram esquecidas e deformadas ao longo de milhares de anos, trazendo consequências terríveis para a Terra e a vida na Terra. Encontras aqui reunidas todas as informações importantes para a construção de uma tribo. Construiu-se aqui um código genético para uma cultura livre de violência, que terá uma grande importância em tempos mais tardios. De momento, estás ligada com informação dos teus antepassados que é importante para o futuro, porque cada futuro precisa da fonte e da origem certas para tomar a direcção desejada. Para alcançar o futuro certo, precisamos também do passado certo. A vossa cultura hoje perdeu a ligação com um passado positivo, perdeu as suas raízes e, dessa forma, o seu sentido. Criar uma nova relação com o passado é indispensável para o conseguir. O olhar abre-se igualmente para o passado e para o futuro, se ouvirem as pedras falar. Elas guardam informações em vários níveis diferentes, porque nas pessoas que vivem actualmente a informação também dorme enquanto pressentimento primordial. Reside aí a vossa origem, da qual vocês próprios vêm e que todos esqueceram. De forma sistemática, essa recordação é e foi combatida, porque ela é o broto para o surgimento de novas culturas não violentas, o que não é de modo algum desejado ou pretendido pelos actuais governantes. Reside aqui o código para um futuro possível que, de certa forma, já há muito dormita nas vossas células como informação e sonho. Actualmente, governa um corpo de informação na Terra que elimina de forma sistemática essas informações. É por isso que é tão difícil alcançar essa recordação. Para isso, é necessária uma aprendizagem e preparação imaginária e celular. Sem esta, não conseguem avançar de modo nenhum para o vosso esperado futuro positivo. Porque um futuro de bem-estar, exige recuperação e cura no passado. Estes antepassados representam o vosso passado positivo, no qual podem encontrar a solução para um futuro desejado. A solução para um futuro há muito ansiado, o paraíso na Terra, está oculta no passado e espera ser redescoberta pelos primeiros seres humanos."

Emergi da minha submersão mediúnica. Então o cromeleque representava uma espécie de código genético para uma visão da paz? As pedras eram portadoras de algo como uma estrutura de informação conscientemente construída acerca do nascimento da paz em si, do nascimento de culturas sem violência e da vida de tribos? Era como se tivesse mergulhado num conto fadas. De que modo, com bom senso crítico normal, conseguimos tornar-nos credíveis quando agora também as pedras podem falar e transmitir informações? Já estava a ver os títulos da imprensa: "Agora, Lichtenfels, na procura animada de cromeleques, ouve os seus antepassados falarem e comunica com seres primordiais do passado que lhe prometem a si e, aos seus apoiantes, o paraíso na Terra." Não conseguiria enfrentar o olhar dos meus antigos professores e amigos. Certamente, iriam considerar-me apta para a psiquiatria quando soubessem o que eu ali fiz. De qualquer maneira: Quem é que me respondia ali? O que dizer quando me perguntassem: "Afinal de contas, ao longo dos milénios está presa nas pedras a alma de um falecido? Que ideia terrível!" Alguma coisa em mim tinha de se rir com a imagem de que eu comunicava com um velho excêntrico da pré-história. Os seguintes pensamentos atravessaram-me a mente: *"Através de experiências com drogas, já muitas pessoas sabem hoje que existem também outras realidades próximas das vossas. Uma negação deste facto não consegue impedir que elas existam. O pretexto de que tudo se deve apenas ao efeito de drogas, ajuda-vos precisamente a não ter de aceitar tudo isto como uma realidade concreta. Vocês transformaram-se todos em prisioneiros amedrontados de uma imagem do mundo materialista. As drogas foram originalmente inventadas para a libertação dos guetos religiosos, que domesticavam as pessoas e que as mantinham presas em coletes de força morais. A vossa ideia de objectividade há muito que já não serve a descoberta da verdade."* Sim, mas então que modo tenho de encarar tudo isto? É claro, para mim nenhum antepassado que fala com as pessoas está aqui sentado nas pedras mas, apesar disso, através das pedras pode-se ter o contacto com uma energia pessoal, se nos sensibilizarmos para isso.

Uma onda de humor atravessou-se-me e levou-me de novo a sorrir com a ideia de um antepassado sentado numa pedra. *"Como é que funciona com o rádio? Também questionas quando ouves rádio, se está alguém dentro do rádio que te responde enquanto ouves as notícias? Ou pousam os teus amigos no telefone quando falas com eles? Podes explicar de que modo duas pequenas pilhas num gravador tornam possível que em seguida oiças a tua própria voz? Contudo, os conceitos e esclarecimentos técnicos acalmam-vos e fazem com que não questionem mais além. Crentes e complacentes, abrem-se para as vibrações da televisão, da rádio e do telefone. A energia universal e a informação existem, só têm de se sintonizar na frequência correspondente. O cromeleque é algo como uma estação emissora que serve para focagem. É uma informação trans-histórica que integrou em si o processo do devir e da modificação e, especialmente por isso, é tão apropriado o material de pedras, que justamente os séculos comprimiram em si. Podes também convocar informações de rochedos, mas neste local encontram-se informações de pessoas, uma vez que estas ergueram as pedras especialmente para esse fim. Tens sorte que se trate de um exemplar relativamente intacto de um cromeleque, por isso as mensagens chegam relativamente claras e fáceis de entender. Encontras aqui a informação primordial livre de violência, da essência da sobrevivência e do desenvolvimento."*

A minha aula de introdução no conhecimento dos mistérios do cromeleque prosseguiu. As informações chegavam sem interrupção a uma velocidade densamente comprimida. A minha única tarefa era manter-me bem atenta para poder registar tudo com exactidão.

"*Cada pedra representa um determinado arquétipo que é necessário para o todo. Cada um que aqui está com atenção, encontra informações sobre a essência dos arquétipos, acerca da sua necessária colaboração e complementaridade e, também, acerca dos arquétipos correspondentes de cada um. No ser humano, ligam-se determinadas energias arquetípicas e formas fundamentais. Os arquétipos mais importantes estão representados no cromeleque. Além disso, é importante que o ser humano encontre com eles uma ligação intencional, porque isso lhe dá energia e protecção. Todas as pessoas trazem em si energia arquetípica. Podes encontrar aqui a energia arquetípica que te corresponde e isso dar-te-á imediatamente energia. As pedras impulsionam-te e inspiram-te para o teu próprio desenvolvimento. Só te ajudam a focares-te em ti própria, se te sintonizares numa determinada frequência. São por assim dizer uma droga. Mas isso só funciona se não cimentarem a vossa fantasia e energia criativa em leis e ideias rígidas de como tem de funcionar a realidade."*

Diante dos meus olhos sucederam-se diversas imagens de uma vida tribal colorida enquanto seguia estas inspirações. Assim, não só ouvia uma voz interior, como seguia também um filme televisivo totalmente interior como se tivesse ligado uma televisão. *"Este conhecimento da tribo distingue-se claramente da presente estrutura social. É contra a hierarquia e domínio. Naturalmente, uns sabem mais e outros menos e existe em todas as áreas a relação de estudantes e professores, mas ninguém utiliza a vantagem para a opressão do outro. Tudo vive do princípio da complementaridade mútua. Cada arquétipo que as pedras representam toma um lugar necessário no todo, sem o qual a coesão da tribo não funcionaria. As antigas tribos cuidavam da consciência de um eu colectivo mais elevado, no qual estavam contidas todas as informações individuais e pessoais. Hoje as pessoas reagem de forma demasiado sensível a essas vibrações, porque elas foram mal usadas ao longo dos milénios através de estruturas colectivas de domínio, levando o ser humano a perder toda a confiança nestes processos originalmente universais. Mas com isso o ser humano separou-se também de uma energia vital que na realidade necessita para se fortalecer. O que é um ser humano sem a energia primordial da confiança e da segurança? Toda a tribo vivia o mais possível a extensão da transparência e permeabilidade. O engano e a corrupção não teriam sido possíveis se eles tivessem derrubado imediatamente todo o sistema. Este sistema só funciona em condições sem violência e tem em si todas as qualidades de sobrevivência e de diversidade, válidas para todos os tempos. Podes ficar a saber aqui muito acerca de comunicação sem medo. Se te ligares completamente com o conhecimento dos mistérios, serás preenchida de energia e sossego infinito. Mas isto não é duradouro, uma vez que vocês ainda são susceptíveis a antigas informações de medo e violência.*

Os arquétipos correspondem a uma forma supra temporal. Quando conseguires assimilar a sua energia, ela pode ajudar-te a ver, a compreender e a integrar realmente os acontecimentos presentes na tua vida. Todos os seres humanos possuem algo como uma forma eterna, mas na maior parte dos casos, esta ligação perdeu-se. Aqui, ela pode voltar a ser restabelecida. Não se pode compreender isto de imediato, a um nível intelectual. Primeiramente, tens de trazer a vontade de te abrires para uma tal experiência e deixá-la agir em ti.

Permanece sempre a pergunta, acerca de que nível o indivíduo está preparado para receber. Uma pessoa que vem aqui como jornalista crítico, com o propósito firme de se manter por fora, para objectivamente poder avaliar se as pedras realmente podem falar quer, portanto, provar esse facto. Simultaneamente, fecha-se a qualquer experiência directa inviabilizando a sua realização, porque através do seu critério de objectividade e das suas pré-concepções, separa-se de qualquer experiência interior possível. Isto é mais ou menos como se quisessem examinar se um rádio pode realmente captar as ondas rádio, mas não ligassem o aparelho ou não o ligassem à electricidade. Possivelmente, caso o pobre homem recebesse de repente, por acaso, uma frequência vibratória das pedras, então, afastar-se-ia assustado como se tivesse tido um choque eléctrico, pois, na medida em que permitiu uma experiência inesperada já deixou o seu critério da objectividade. O susto e o medo vão motivá-lo para o ataque, pois, algo no seu interior foi tocado, o que ele queria a todo o custo evitar. Publicamente irá avisar todos: Cuidado, culto das pedras.

No fundo, o medo das próprias experiências interiores é um sinal para uma estrutura anímica inconsciente, em que também as pessoas supostamente mais críticas acreditam em contextos ocultos e têm deles um medo enorme. Para se protegerem da sua própria superstição, introduziram a ideia do chamado mundo objectivo. Isto sossega-vos e absolve-vos da vossa própria responsabilidade e da vossa acção. O difícil é que neste caso não existe nenhum botão que se pode ligar ou desligar, que acalme a vossa ideia de uma realidade objectiva. Aqui são vocês mesmos os receptores de frequência. Não é necessário ligar um aparelho objectivo. São vocês que têm de ligar ou desligar em vós mesmos uma certa boa vontade de recepção. Sem abertura interior e boa vontade, a recepção da informação não é possível. Preenche-te em primeiro lugar com a tua saúde física e espiritual e com o teu devir. Se queres vir aqui com mais pessoas, faz sentido prepararem-se alguns dias antes. Comam só alimentos simples, se possível nada de carne. Tentem vir numa postura permeável e receptiva. Ocupem-se espiritualmente com a essência da afirmação e da formação da visão. Também é bom quando, anteriormente, já estiveram atentos aos vossos sonhos. Trata-se, sobretudo, de saber ultrapassar o espaço do esquecimento através de uma investigação regular do sonho. Pensem que, inconscientemente, vocês passam quase um terço do vosso tempo noutros espaços espirituais. É bom conhecê-los. Ultrapassam o espaço do esquecimento, o que é o essencial nesta dimensão temporal através da investigação diária do sonho, através de afirmações diárias e através de exercícios concretos de visão. Desta maneira, podem também conscientemente aprender sobre os espaços de visão e através do treino regular, alcançam permanentemente o espaço da consciência, do conhecimento e do auto-conhecimento."

Após esta torrente de informações me ter atingido, detive-me. Sentei-me pensativa no círculo e olhei à minha volta. Naturalmente, impunha-se uma grande questão que, imediatamente, surge quando o próprio coração amoroso entra em contacto com visões de esperança. "Se a informação para uma vida em comum sem violência já existe há milhares de anos na Terra porque é que dominam o poder, a guerra e a violência? Porque sabem os seres humanos tão pouco sobre si mesmos, porquê que existe o espaço do esquecimento? O que aconteceu?" Fazia estas perguntas e não tinha de esperar muito. De imediato, o rádio interior recomeçava a falar:

"Uma grande desgraça entre os sexos conduziu as pessoas à ignorância. Os construtores do cromeleque já sabiam que ela tinha surgido, eles próprios ainda não tinham entrado em contacto com o medo e a desgraça, mas não podiam impedir que também algum dia a energia da violência viesse

a insinuar-se entre eles. Este lugar servia-lhes como memória e como protecção. Eles criaram através deste cromeleque e de outros monumentos históricos uma memória, porque sabiam que um dia surgiriam pessoas que precisavam do seu conhecimento, para se lembrarem e prepararem e introduzirem novos sistemas.

A desgraça iniciou-se no domínio amoroso. Ainda hoje, os documentos antigos da historiografia são testemunho de uma revolução do matriarcado para o patriarcado. Esta mudança histórica foi a consequência de uma desgraça que, em diferentes épocas, surgiu nas mais diversas culturas. Foi uma desgraça sexual. No Antigo Testamento encontram também o testemunho da desgraça entre os sexos, o que foi natural e totalmente deturpado, exigindo uma nova interpretação. Que Adão e Eva foram expulsos do paraíso é o testemunho transmitido pela mudança das culturas. A sexualidade é a energia de procriação material mais comprimida. Isto acontece porque esta é uma energia espiritual elevada, sendo que através dela são criados não apenas seres vivos como também realidades materiais em geral. Naturalmente, a energia sexual é uma energia muito mais abrangente do que aquilo que actualmente em geral se entende por isso. Em todas as antigas mitologias se encontram testemunhos desta desgraça histórica. Compreenderão cada vez mais o que sobreveio, quando a estudarem suficientemente. Seria cedo de mais comunicar-te isso agora. Deixa que isso aconteça cautelosamente e saberás cada vez mais.

Existem ainda hoje culturas que guardam o antigo conhecimento e que continuaram as tradições da cultura megalítica e da deusa. Apesar de já não viverem na idade dourada, de sofrerem muitas perseguições e dos seus bens culturais terem sido expulsos e deturpados, tinham protegido e guardado o conhecimento. Ainda hoje se agita a guerra dos sexos entre homens e mulheres, sempre com novas variantes. São, como anteriormente, as consequências deste trauma préhistórico que só pode ser superado quando o esquecimento for vencido. O patriarcado com as suas estruturas de violência, poder, domínio e medo, foi introduzido através deste trauma pré-histórico. O esquecimento tornou-se enorme porque a dor e o medo se tornaram demasiado grandes. Só conseguirão curar as feridas, cautelosamente, quando ligados a uma nova visão do futuro e a um passado positivo. Por isso, em primeiro lugar é tão importante recordar-se da tribo na sua origem positiva; o sonho original de uma comunidade humana pode ser aqui vivido e visto de novo. Será então também mais fácil reconhecer as feridas, compreendendo como é que elas surgiram e descobrindo as fontes da cura possível.

Desde há milhares de anos que a Terra vive o processo histórico do nascimento do amor pessoal e, através de muitas aberrações, teceu o seu sonho de conhecimento e de auto-conhecimento. Também tu, em tudo o que experiencias, és parte deste processo e uma testemunha do nascimento universal.

Este processo já há muito que está previsto na evolução, mas é ainda uma criança muito jovem da História. O vosso dilema, no tempo em que vivem, consiste em que já quase não conseguirem perceber o processo universal, levando assim as coisas de um modo tão pessoal. Formou-se um entendimento completamente falso do eu individual. Por esse motivo, são sempre portadores de uma desgraça renovada. O amor não se experiencia apenas ao nível pessoal. Nesse sentido, cada pessoa tem de falhar obrigatoriamente, porque a vida é per se um processo universal. Daí que também só as tribos construídas universalmente têm uma hipótese de sobrevivência. As formas de sociedade que se afastaram da estrutura universal do ser humano destruir-se-ão, mais tarde ou mais cedo, porque se separaram da fonte de sobrevivência e de amor universais. Vocês vivem dificuldades nas vossas relações amorosas. Passado algum tempo pensam que se conhecem, ou até que pertencem um ao outro. Começam a definir-se e não reparam como assim limitam e matam a energia espiritual original. O que, originalmente tinham gostado no outro, começa a matar-vos. Agarram-se firmemente ao vosso passado e roubam assim a vós mesmos o olhar para o futuro."

Depois desta introdução exaustiva, levantei-me e andei pensativa pelo cromeleque. Como foram representados de forma exacta estes contextos! Como é que se conseguiria agora encontrar o olhar certo para o futuro, estando ele, apesar disso, instalado na nossa memória primordial? Tive pouco tempo para cismar, uma vez que as iluminações seguintes tornavam a chegar:

"Da próxima vez que vieres aqui, tenta descobrir e compreender em que parte da comunidade se situam as pedras. Podes ficar a saber muito sobre aquilo que actualmente também é necessário para a construção de comunidades funcionais, através deste tipo de investigação. O melhor é prepararem-se espiritualmente durante três dias em Tamera, para depois irem até a um local perto daqui ao qual vos conduziremos e, finalmente, passarem então uma noite de vigília aqui no cromeleque. Uma boa opção seria dividirem-se em grupos de dois. No cromeleque, um de ambos os parceiros devia dormir durante três horas, o outro ficar acordado três horas. Escolham uma altura perto da Lua Nova ou Lua Cheia, altura em que as informações são particularmente fáceis de receber. O importante é preparar as vossas questões de acordo com isso. O mundo está repleto de respostas, a dificuldade consiste em encontrar as questões certas. Muito especialmente para todo este processo, são apropriadas as datas perto do solstício. Nessa altura também os povos anteriores visitaram o cromeleque, chamando os seus antepassados e questionando o oráculo. Era o tempo da descoberta de informação e o tempo do novo começo. Aqui todos podiam corrigir as suas obras, iniciar sonhos, ou dar-lhes uma nova direcção quando algo se tivesse demonstrado como não sendo do seu agrado."

Observei uma vez mais o cromeleque sob esta perspectiva. Na metade superior estavam pedras particularmente grandes. Na totalidade do cromeleque, que se estendia como uma forma oval pela colina, formavam mais uma vez um círculo interior que se agrupava à volta de uma grande pedra deitada, sobre a qual Paul adormecera durante a nossa primeira visita. Porque estaria ela aqui? Teria caído, ou estaria desde o início deitada como agora? Curvei-me sobre ela, coloquei a minha mão em cima e esperei para ver se recebia algum sinal. "Também és um arquétipo? O que representas?"- perguntei. Mas tudo ficara silencioso, não ficou nem quente nem fria, nem recebi qualquer outro sinal. Apesar disso, esta pedra atraia-me como que por magia. Dirigi-me para uma grande pedra muito apelativa ali perto.

"*Da próxima vez que aqui vieres, deita-te na pedra ali reclinada. Tenta lá adormecer e sonhar. Ficarás então a saber o seu propósito.*" "*Há ainda algo que deva agora saber, que seja importante para a minha preparação?*" – perguntei na esperança de receber ainda algumas indicações práticas para o seminário. Em vez disso, fiquei imediatamente a saber algumas indicações existenciais para a minha vida futura e, compreendi ainda, porque devia ser bem ponderado se devia ou não abrir este biocomputador interno. Uma visita agradável ao cromeleque, nunca nos deixa intactos ou sem tarefas importantes para a nossa existência futura. "*Sim, começa para ti um novo grau de desenvolvimento espiritual, quando te devotares à aprendizagem no cromeleque. Espera por ti um novo nível no processo de te tornares uma mulher. Vais escrever livros e terás a missão de levar a público o desenvolvimento de uma nova consciência feminina que, contemporaneamente, é importante. Terás de te libertar dos últimos resquícios de uma auto-imagem negativa quando com a tua visão te ligares, cada vez mais intensamente, a um objectivo livre de medo. Podes parar de te identificar com Antígona ou Rahab, que tiveram de se insurgir contra a supremacia do julgamento masculino. Não é a revolta, mas a construção de uma visão positiva que é hoje o tema histórico. No teu íntimo, não dês aos homens tanto poder sobre o sexo feminino, de maneira a não teres de te revoltar contra eles. Enquanto agires dessa forma só aumentas a tragédia. Lembra-te do poder feminino, mesmo que durante milénios este tenha passado por uma história de sacrifício. Não se trata de culpa ou inocência, trata-se da abolição e modificação deste destino cruel, para ambos os sexos.*

Colabora para que a relação entre os sexos se equilibre, esta é a condição prévia para uma possível cura histórica. Desenvolve em ti a mulher madura e positiva que és e encoraja outros a fazerem o mesmo. Não sigas mais a vossa auto-imagem demasiado pequena, que vos mantém presos a um quotidiano demasiado pequeno. Não sigam também a vossa secreta mania das grandezas, que vos conduz a falsas ideias de poder. Reconhece quem vocês realmente são. Não descansem por mais tempo sobre as vossas desculpas. Não te deixes ser rotulada por ninguém, coloca a ti própria as barreiras de que ainda precisas. Liberdade e limitação das pessoas, são duas características essenciais da criação através das quais, consciente ou inconscientemente, é criada a vossa realidade.

Toda a realidade nasce da liberdade do sonho abrangente e da delimitação consciente dos sonhos. Liberta-te de toda a dependência e da crença de ser dependente. Quando acreditas que outra pessoa é culpada por não te poderes desenvolver, trata-se de preguiça da tua parte. Aprofunda e reconhece a imagem das relações escolhidas por ti própria. Num certo sentido nunca és independente, porque a vida consiste numa delicada rede de relações. Se sais daqui como vítima ou como personalidade livre, apenas depende de ti. Todos dependem de outros. Preenche essas relações com a alegria do amor universal de um modo cada vez mais abrangente. Elas recebem através dele o seu brilho, a sua energia, a sua liberdade e a sua beleza. A verdadeira relação é o contrário de dependência. Só quando te instalas na crença da dependência, aquilo que é o teu pesadelo se torna então em realidade. Quando te entregas à crença de que o outro tem algo que tu não tens mas tinhas de ter, estás a alimentar a tua ideia de dependência. A dependência também é alimentada por falsas limitações. Na medida em que reconheces e aceitas este facto, aumentará a tua responsabilidade e a boa vontade para a assumir.

Aceita a tua autoridade. Todas as pessoas têm uma determinada tarefa e autoridade que não pode ser substituída pela de mais ninguém. Por isso é tão importante que cada um reconheça e encontre a sua própria tarefa porque, muito mais do que pensam, é disso que o todo depende. Quando vires e aceitares a tua própria autoridade, vais permitir cada vez menos pesadelos no teu ambiente directo, vais antes modificá-los em sonhos de amor e de envolvimento."

Por hoje tinha material suficiente. Olhei à minha volta atentamente e espantada. Preenchia-me a reverência e o estremecimento pelo facto de o todo estar aqui, nesta Terra. Que sabíamos nós sobre ela, se deixássemos algum dia cair todas as ideias treinadas sobre o que nós mesmo somos e sobre o significado do nosso ambiente. Um único mistério. O espanto era o ponto de partida para cada nova descoberta, por isso amava esta qualidade da existência. Narrei todas as iluminações na minha fita magnética e, agradecida e inspirada, caminhei para casa. Mesmo que apenas viesse de mim mesmo e duvidasse de tudo e de todas as iluminações recebidas, conseguia ainda espantar-me com este milagre da visão do mundo. A viagem de regresso foi realizada à pressa enquanto, inspiradamente, pensava nestes contextos singularmente ligados do nosso mundo subjectivo e objectivo. Esta foi a primeira compreensão abrangente sobre os contextos do cromeleque, a sua energia curativa e o significado que hoje tem para nós. Esta introdução permitiu-me questionar em todos os pormenores a vida da tribo e o significado dos arquétipos e, também, saber mais acerca da forma como actualmente podemos aprender com isso. Pouco tempo depois, recebia já a minha primeira missão interior. Teria de escrever um livro, "Poder Suave –

Perspectivas para uma nova consciência feminina e um novo amor para com os homens". Em conexão, surgiu a primeira narrativa compendiada sobre o cromeleque. Depois de muitas mais visitas, cheguei à tarefa deste livro e à minha viagem espiritual a Malta.

II

Nota Prévia

Na parte seguinte apresentarei em primeiro lugar as informações compendiadas do cromeleque, tal como me foram mostradas ao longo das minhas muitas visitas. A coesão de uma tribo foi-me evidenciada aqui em muitos pormenores. Revivi os pensamentos, visões e sonhos de pessoas que se sentiam em unidade com a Terra, para quem toda a matéria tinha uma alma pessoal, com a qual sonhavam em conjunto um sonho que queriam concretizar. Vivenciei o cromeleque como uma matriz universal que tinha armazenado informações em vários níveis diferentes, aos quais todos nós poderiamos aceder. Na informação que experienciei, os números de anos ainda não tinham grande relevância. A partir desta perspectiva, alguns séculos representavam apenas um minúsculo elemento da história da cultura. Como mais tarde descobri ao consultar livros, algumas indicações que intuitivamente recebi em sonhos ou transes revestiam-se admiravelmente de factos históricos, outras afastavam-se muito da historiografia comum. Tenho a certeza de que nesta apresentação ainda se misturam iluminações mitológicas com acontecimentos históricos. Nas minhas iluminações, tratava-se com muito mais insistência de contextos espirituais e novas compreensões de antigos mundos de imagens mitológicos, do que de factos históricos. Apesar disso, paulatinamente, também os acontecimentos históricos adquiriam cada vez mais peso.

A questão da objectividade dos meus transes tornou-se cada vez mais excitante. Seguramente, iremos seguir os contextos históricos no futuro, ainda mais em pormenor. Estou a pensar em formar uma equipa de investigação na qual participem arqueólogos e geomantes, que estejam abertos relativamente à investigação arqueológica espiritual. Tenho a certeza de que ainda nos depararemos na região do cromeleque com muitos achados por descobrir.

Descrevo em primeiro lugar apenas as informações que me chegaram do inicio da pré-história, apesar de mais tarde, em sonhos e transes, também me terem sido trazidas informações sobre como o cromeleque foi utilizado e, em parte, também mal usado por culturas mais tardias. Mas o meu interesse neste livro consiste em tornar vivo ao nosso olhar a utopia concreta de um passado pré-histórico, enquanto fonte de inspiração e de energia para um futuro digno de ser vivido.

O cromeleque em Portugal, até hoje, está acessível a todos os visitantes. Caso alguém faça, por causa deste livro, uma viagem a Portugal e queira visitar o cromeleque, peço insistentemente um comportamento circunspecto. Nos últimos anos, com o crescimento das visitas turísticas, a situação alterou-se dramaticamente. Construíram-se estradas, colocaram-se tabuletas e o cromeleque ameaça tornar-se um dos lugares turísticos mais visitados, tal como acontece também noutros países. Naturalmente, torna-se assim mais difícil experienciar imediatamente a energia e santidade original deste lugar. Espero que este livro contribua para criar também uma consciência do modo como podemos entrar num lugar assim. Existe uma grande diferença entre querer apenas observar um lugar ou aproximar-me com a boa vontade interior de uma transformação. Ambas as posturas têm a sua justificação, mas é sensato ter consciência da nossa própria atitude. Quando se vai ao cromeleque com questões pessoais, tudo deve acontecer de um modo muito consciente. Meias medidas só conduzem a luxações psíquicas e confusões. É necessária uma certa aprendizagem espiritual da atenção interior para lidar adequadamente com as energias disponíveis.

Independentemente do interesse com que os visitantes aqui se dirigem: o cromeleque é um templo de devoção. Que a aproximação a este seja prudente. Quem não encontra esta reverência interior, também não experiencia quaisquer mensagens. O ponto de partida deve ser sempre a tranquilidade no próprio coração e a disponibilidade interior para as informações que o lugar nos reserva. Ainda é hoje possível acampar nas proximidades do cromeleque e, possivelmente, passar aí uma noite de vigília, mas isso nunca se deveria fazer dentro do cromeleque. Se acontece cada vez mais frequentemente que «Freaks» montem o seu acampamento no meio do círculo, utilizem as pedras para secar roupa, e ainda às dez horas, quando chegam os primeiros visitantes do dia, estejam a ressonar no centro do círculo, então o cromeleque será fechado em breve e só será acessível a poucos. Só conseguiremos que as pedras falem se encontrarmos uma forma de aproximação consciente e adequada a nós mesmos. Isto significa, em primeiro lugar, atenção pelo ambiente em que me encontro e também pelo país no qual agora estou. Portugal é um país hospitaleiro.

Com agrado ajudaria a construir uma protecção espiritual para este lugar. Quase ninguém suspeita ao visitar este local de energia que não só se encontra num monumento cultural, como também simultaneamente se encontra num ponto de energia e nós geomânticos para toda a paisagem, de cujo funcionamento saudável muita coisa depende. Visitámos o cromeleque juntamente com o curandeiro de paisagens Marco Pogačnik. Havia muitas correspondências incríveis na sua e na minha percepção interior deste lugar e das suas funções.

Queiram os leitores deste livro contribuir para que o cromeleque permaneça assim conservado por muito tempo. E no futuro, quando se questionarem as pedras, talvez se possa também pensar em que tipo de oferta este lugar deseja e precisa de nós.

A Vida dos Antepassados e a Construção do Cromeleque

A seguinte narrativa é uma compilação de vários transes que fizémos após visitas ao cromeleque e também de informações que recebi nas minhas noites de vigília no mesmo. Estou mais uma vez a compilar algumas coisas que foram já referidas na primeira parte do livro. Além disso, inseri também impressões importantes e imagens de diversos sonhos que recebi no cromeleque, numa visão geral da vida dos nossos antepassados.

A minha viagem de sonho levou-me em primeiro lugar a uma época em que o cromeleque ainda não existia. Encontrei uma forma de existência, para nós hoje quase inimaginável e por isso também difícil de descrever. Penso que esta se podem capturar mais facilmente em imagens mitológicas. Vi um povo nómada na área onde hoje Évora se situa. Rochas isoladas nas redondezas, grandes megálitos e dólmenes isolados são sinais remanescentes da sua cultura e modo de vida completamente diferentes. Como gigantes enigmáticos, as pedras sobressaem actualmente e quase ninguém suspeita que estes monumentos, aparentemente sem sentido, serviam para as pessoas de então iniciarem as suas viagens no tempo. Contudo, falarei acerca disso mais adiante. As pedras gigantescas são os únicos sinais que ainda hoje se podem encontrar da sua cultura de então. Eles não tinham nem casas, nem cabanas, nem precisavam da escrita, porque sabiam comunicar de outra forma.

As imagens que vi eram de há cerca de 30000 anos antes da nossa era. Era como se estes seres não se tivessem instalado há muito no sul de Portugal. Eram extraordinariamente belos, tinham corpos grandes e imponentes e eram ágeis nos seus movimentos. A sua pele escura, os seus lábios carnudos e a sua grande e elegante figura, faziam lembrar tribos que se encontram hoje em África, no sul do Egipto, na antiga Núbia ou também na Índia. Se passavam muitos meses fora, viviam também durante meses nos mesmos sítios.

Tinham os seus diversos pontos de encontro, existindo também determinados lugares sagrados para homens e para mulheres. Encontravam-se sempre na Lua Nova. Estavam em íntima ligação com as energias da Lua. O seu corpo e o seu espírito utilizavam a Lua Nova como energia de purificação e de vida renovadora. A Lua Cheia marcava o tempo da fertilidade geral. Todo o seu ciclo estava coordenado com isso. Na Lua Nova reflectiam sobre as coisas que fariam no próximo período, num ciclo lunar. A Lua1 – falavam da Lua como um ser vivo feminino com o qual se podia comunicar, tal como com todos os demais seres – era um aspecto da Deusa.

Os homens amavam e veneravam as mulheres, porque todas eram um símile de Nammu, como chamavam à Deusa. As mulheres estavam ligadas de uma maneira misteriosa com os ciclos da natureza e com o conhecimento de Nammu. Os homens viam-se como tratadores e servidores das energias da Deusa, ao serviço da qual colocavam todas as suas actividades. Isto não tinha nada a ver com submissão. Esta forma de vida humilde e simultaneamente orgulhosa, com a qual encaravam todos os seres existentes, era-lhes evidente. Eles sabiam que esta Terra representava, como um sonho do amor universal, o sonho de criação de Nammu. Eles eram uma parte deste sonho de criação e estavam nesta Terra para contribuir para a sua realização. Simultaneamente, sentiam-se ligados com outros espaços existenciais universais que, anteriormente, eram de natureza masculina e cuja fonte de vida divina deviam aqui trazer à luz ao longo dos milénios, em nome de Nammu e do amor sensual.

Havia locais para nascimento e morte, locais e alturas para dançar e para festividades. Todos os membros da tribo se alimentavam de plantas e frutos das cercanias, dos quais necessitavam extremamente pouco. Recebiam o que a Mãe Terra lhes oferecia e prosseguiam quando desta recebiam a exigência. Protegiam os locais sagrados das plantas e davam atenção aos seus sonhos. Sabiam que em tempos futuros também iriam semear e colher.

Os seus companheiros eram as plantas e animais sagrados, que lhes mostravam muitas vezes o caminho. Contudo, eram as abelhas as suas acompanhantes especiais. Delas recebiam, também em determinadas alturas, a faculdade da doçura sagrada a que hoje chamamos mel. Viviam, portanto, naquela frequentemente relatada em mitologias antigas. Cuidavam do contacto com o búfalo branco e dele recebiam muitas vezes a dádiva da bebida sagrada, o leite de búfalo. Sabiam que estavam num sonho que eles próprios tinham criado, mas sabiam também que cada coisa na criação, a partir do momento em que era criada, levava uma vida própria e constituía um sonho e linguagem próprias. Assim prestavam atenção a todos os sinais que lhes chegavam, e liam os sonhos que os seus coexistentes, a Terra, as pedras, as plantas, os animais e as outras pessoas sonhavam. A sua missão era apoiar todas as coisas e todos os seres para que conseguissem concretizar o seu sonho de criação original.

Sabiam que além deles viviam também outras tribos ao cimo da Terra e cultivavam com muitas delas uma comunicação telepática. Por isso, naturalmente, conheciam os diferentes continentes. Podemos perguntar-nos porque é que essas pessoas, se eram tão altamente desenvolvidas, viviam de um modo tão simples. Não tinham nem técnica, nem uma arquitectura relevante. Não conheciam nem máquinas, nem casas e eram, no entanto, amantes da matemática e da astronomia. Com este conhecimento calculavam os ciclos astrais, as estações do ano, os nasceres e os pores-do-sol. Construíam linhas de informação para as estrelas. O ovo prestava-lhes um fundamento matemático especial, porque viam no ovo a forma mais compacta da harmoniosa energia dos mundos. O cone de cerâmica hiperbólico era-lhes conhecido como portador de informação, que podia reencaminhar todas as informações universais. O ovo representava a fórmula da criação primordial. Já a espiral, era uma forma essencial a todas as materializações. Eles usavam este conhecimento para o contacto telepático com outros povos primitivos ou com habitantes das estrelas. Como povo nómada, estavam sempre a caminho e regressavam em intervalos regulares a determinados lugares que lhes eram sagrados. A par dos monumentos de pedras, pintavam em cavernas determinados animais, plantas, símbolos e sinais nas paredes de pedra. Este legado artístico dos sinais era simultaneamente um processo de comunicação com Nammu, a Mãe Terra, com a qual mantinham contacto em todas as suas actividades. As inscrições de figuras e símbolos nas pedras e a pintura com cores naturais eram, simultaneamente, um acto de recepção e de criação através do qual era produzida uma energia mágica criativa. Sentiam-se como uma parte de Nammu, interessada e co-responsável em toda a obra da criação. As suas actividades artísticas eram a oração e reflexão, através das quais podiam ser refinados e enriquecidos os seus sonhos de realização da criação. Cada desenho tinha um significado muito preciso na trama da criação.

Embelezaram a sua cultura cada vez mais ao longo dos seguintes milénios. Para isso, é importante perceber que tinham uma compreensão do tempo completamente diferente da que nós actualmente temos. Esta cultura prosseguiu por muitos milénios. As pessoas sabiam que tinham muito tempo, para continuamente virem e irem à vontade. Morte e nascimento não estavam ligados com medo e dor, nem também com o esquecimento. Se voltavam a este mundo, podiam facilmente lembrar-se da sua existência anterior, ligando o seu trabalho à obra anterior da sua última vida. Porque estavam ligados à criação primordial, eram muito flexíveis e não conheciam o medo. Não estavam fixados em determinadas ideias. Por isso, eram também muito menos agarrados materialmente. Para eles, era evidente que se podia provisoriamente deixar o seu corpo e conscientemente visitar outros. Era também evidente que a par do nível do espaço e do tempo existia o nível da vibração da eternidade, com o qual nos podíamos ligar a qualquer momento. Por esta razão, era-lhes fácil mudar a dimensão da sua existência. Estavam ligados a um nível de consciência no qual todas as coisas e todos os tempos existiam simultaneamente.

Eram ainda tão unos com a criação primordial, que faziam facilmente viagens conscientes entre um nascer e um pôr-do-sol e podiam visitar Sírio ou as Plêiades, sem entrarem com isso em dificuldades com o seu tempo ou entendimento do eu. A sua confiança absoluta na criação e a sua ligação com o conhecimento de que eles próprios estavam interessados na obra da criação, possibilitava-lhes ressoar com outras frequências de consciência que ainda existem actualmente, mas que já não são utilizadas e sentidas. O importante era conhecer o seu ponto de partida, a partir do qual iniciavam as suas viagens no tempo, ao qual podiam então, a qualquer momento, regressar quando desejavam. Princípio e fim, tinham para cada acto de criação um significado especial. Isso dava às coisas os seus limites e assim a sua particularidade no espaço e no tempo, como seriam experimentadas no plano da realidade terrestre. Estas pessoas já sabiam da violência esperada sobre a Terra, porque tinham a capacidade de viajar, vendo através da história e também através do futuro. Apesar de no fundo parecerem muito felizes, já estavam todavia marcados por uma certa dor e tristeza, relacionadas com o facto de não poderem empreender nada contra a tragédia que se aproximava. Acontecera um erro na criação primordial, que todavia parecia inevitável, e que consistia em que todos os seres tinham a sua própria liberdade. Com isso estava também ligada a liberdade de se virarem contra a própria criação, a grande Mãe. Como todos os seres, homens e mulheres, animais, pássaros e flores tinham uma vida própria e como, além disso, aos seres humanos fora atribuída inteligência própria e energia de criação, havia a possibilidade de que alguns um dia se afastassem de Nammu, a grande Mãe, da qual viera toda a matéria.

Nos rasgos do crescimento da energia masculina, chegaria o momento em que os homens abandonariam o estatuto de filhos. O perigo era o de uma grande impaciência apanhar os sonhos e o corpo humanos. As mulheres, na sua ânsia pelo homem, eram tomadas por uma agitação que as fazia não querer esperar até que a altura certa fosse prevista por Nammu. Os homens, espumados de energia, também ali não viam mais nenhuma razão para terem de esperar para a realização dos seus sonhos.

Não era fácil permanecer ligado a Nammu e à totalidade da matéria nesta forte e nova energia de criação do planeta. Toda a criação material surgira para a grande festa do encontro divino entre as energias femininas e masculinas da criação. Nammu tinha criado este espaço existencial ligado com a luz e energias de criação masculina, para possibilitar um encontro único entre a energia masculina e a feminina, tal como nunca fora possível em nenhuma parte do universo. Esta energia primordial elementar exprime-se até hoje, consciente ou inconscientemente, no amor entre os sexos e muito especialmente na sexualidade. Mas no momento em que os seres humanos se revoltaram contra Nammu, a Mãe Terra, a energia da destruição entrou na criação como um todo. As pessoas precisariam de milénios para reconhecer este erro e corrigi-lo. Nesse sentido, faziam agora de tudo para manter viva a recordação e a memória do sonho de criação original. Se também ele tivesse de dormir milénios na células da Mãe Terra sem poder ser vivamente chamado e compreendido, também Nammu iria ter de suportar dores. Apesar disso, existia também a possibilidade do sonho de um paraíso vivo ser redescoberto após muitos milhares de anos e, as pessoas com um novo conhecimento e nova recordação, se ajustarem e acamarem de novo no lar do universo omnipresente e do amor universal. Para o alcançar, tinham de cuidar que o sonho do paraíso se realizasse o mais possível e pudesse continuar vivo individualmente, tanto quanto possível, em cada ser humano. Neste contexto, preocuparam-se ao longo de milhares de anos em que os seres humanos em toda a parte da Terra colocassem pedras para recordarem a criação e conhecimento primordiais dos seus antepassados.

"Isto é para os seres humanos que virão muito depois de nós", disseram eles. *"Isto é para aqueles que ouvem e ajudá-los-á a superar o espaço do esquecimento. Porque para a descrição das coisas vão criar a época da objectividade. Dessa forma, entrarão no espaço da separação e irão objectivar tanto todas as coisas que se irão esquecer que eles próprios estão animicamente ligados com tudo o que existe. Como não se lembrarão das suas origens e de quem realmente são eles mesmos, irão gerar muito sofrimento e muita dor. Serão criadas muitas ilusões que as pessoas considerarão realidade e isso aumentará cada vez mais a sua aparente separação de Nammu. Esquecerão a existência da própria Nammu e irão considerá-la matéria sem vida, inanimada.*

Muito medo, sofrimento, ódio e discórdia sobrevirá aos povos. A noção de poder vai mantê-los presos e lançá-los-á de guerra em guerra. Isto irá durar até que oiçam e entendam de novo a informação da Terra. Estas pedras são colocadas em memória disso, elas transportam e reforçam as informações necessárias. Em primeiro lugar, irá surgir uma grande dor de crescimento, porque a compaixão despertará novamente e irão lembrar-se que toda a dor causada no mundo fora também causada em si mesmos."

A cultura deste povo desenvolveu-se pacificamente ao longo de muitos milénios. Por volta de 7000 antes da nossa era instalaram-se os primeiros aldeamentos e a desgraça seguiu o seu próprio desenrolar na história. Começou com uma desgraça no surgimento do amor pessoal entre homem e mulher. Povos assassinos e ávidos de guerra impunham o seu domínio. Mas esta tribo perto de Évora continuava a trabalhar pacientemente no grande sonho de criação da paz na Terra. Os seus membros desenvolviam informações cada vez mais exactas, que seriam importantes para a sobrevivência dos povos vindouros. Finalmente, chegou-se assim à construção do cromeleque.

O cromeleque era uma obra de arte milenar, um módulo diferenciado, que continha em si toda a informação do sonho da criação original. Ao longo dos milénios, deveriam ser aqui recuperadas todas as informações necessárias. Começaram com a edificação do cromeleque no 7º milénio antes da nossa contagem do tempo, representando este uma biblioteca viva, uma memória codificada, que podemos decifrar quando, cuidadosamente, nos dispomos a acedê-la. Locais semelhantes foram erguidos em toda a parte na Terra, estando muitos deles conservados até hoje. Estes locais permitem que se mantenha conservado o equilíbrio geodésico e a rede de informação geomântica. E apesar da grave situação apocalíptica do planeta Terra, da destruição, guerra, veneno e aniquilamento de todas as energias da vida, estes permitem ainda que a Mãe Terra continue a respirar, guarde o seu sonho e alimente plantas, animais e pessoas. Em muitas pessoas torna a acordar o sonho de vida original do verdadeiro sentido da vida nesta Terra. Quem o reencontra, está sob a sua protecção, reencontrando também as energias da confiança primordial e da cura. É a sabedoria de Nammu que diz: *"Quanto maior, abrangente e unido for o sonho de vida que sonhares, mais energias receberás para a sua concretização. No todo, governa o amor universal. Ligarem-se novamente ao Todo depende apenas de vocês."*

O Sonho na Pedra do Oráculo

A narrativa seguinte debruça-se sobre a vida do ser humano, tal como esta era na época da construção do cromeleque. Consideramos o tempo e o povo que ali vivia alguns séculos após o início da edificação. Aqui, relato um sonho que tive quando, pela primeira vez, estive deitada sobre a pedra estendida no cromeleque, sobre a qual Paul tinha adormecido. Chamo-lhe a Pedra do Oráculo.

Vi uma jovem sacerdotisa que dormia deitada sobre a pedra reclinada no centro do círculo. Encontrava-se na fase de iniciação, tendo recebido das sacerdotisas à sua volta a sua primeira introdução no conhecimento dos antepassados. À volta da adormecida estavam de vigília várias sacerdotisas e sacerdotes. Pareciam ser os anciãos da tribo. A sacerdotisa adormecida era ainda muito jovem e era muito bonita. Tinha entrado na plena idade adulta, o que correspondia ao ciclo da lua cheia. Nesta altura cada membro da tribo era iniciado na sua futura profissão e na sua responsabilidade particular. Esta sacerdotisa, chamada Bechet, estava destinada para o estatuto do oráculo e, mais tarde, para o estatuto do conselho dos sábios. Esta iniciação exigia sete ciclos de 364 dias. Os membros da tribo, regra geral, eram considerados como plenamente formados e membros adultos quando tinham atingido os 50 anos. No conselho dos sábios, predominavam as mulheres. No sono do oráculo eram apenas iniciadas mulheres, pois a Pedra do Sono estava ali como representante de Nammu, a antepassada da criação e a grande Mãe da qual toda a vida originara e à qual toda a vida retornaria. Esta pedra não estava em pé mas sim deitada porque Nammu se encontrava em estádio de repouso, descansando da sua obra de criação e sonhando novas obras de criação. Como Nammu era feminina, esta era também uma pedra apenas visitada por mulheres, que tinham a tarefa de captar e de compreender a totalidade do sonho da criação. Tinham a tarefa de receber as mensagens de Nammu, ou também de outros seres, no universo ou na Terra. Ao mesmo tempo, deviam comunicar a Nammu quando algo tinha corrido mal na tribo ou quando era necessária qualquer correcção. Pelo menos quatro vezes no ano juntavam-se os sábios das redondezas aqui neste cromeleque. As pedras deviam, ao longo do tempo, ser continuamente recarregadas com memória e informação divina. O cromeleque devia garantir protecção e conhecimento aos que viriam depois dos seus edificadores. Encontramo-nos cerca de 6500 anos antes da nossa era, ou seja, muito tempo depois dos primeiros antepassados terem ficado a saber do aparecimento da desgraça na Terra. Era como se estas pessoas se tivessem aqui reunido para preparar uma situação histórica especial e, ainda, para reunirem informações importantes.

O cromeleque encontrava-se numa relação particular com a constelação astral. Estava construído como um foco, uma espécie de estação emissora, a partir da qual se podia enviar e receber informações para qualquer direcção no universo. No meu sonho, pareceu-me que me encontrava num tecido cósmico geométrico muito peculiar, e era como se pudesse obter informação de toda a parte. A sacerdotisa que vi aqui deitada recebeu no seu sono informações importantes para a tribo. Era muito importante ter, durante o sono, a noção de que se dormia e, conhecer com bastante precisão a posição em que se estava deitado. Isto assemelhava-se a uma localização da consciência. A partir daqui, a consciência podia empreender todas as viagens possíveis e voltar sempre ao mesmo lugar do qual tinha saído, ou seja, ao corpo adormecido. Para além disso, era também importante conhecer os pontos cardeais e as várias estrelas. Por isso, a tribo inteira conhecia extraordinariamente a astronomia e a geografia. Muitos dos membros da tribo eram chamados segundo certas estrelas. Era óbvio que conheciam a origem destas estrelas e que estavam em contacto com elas. Estas estrelas ou planetas procuravam-nos em sonhos para ali transmitirem informações importantes.

Sabiam de outras tribos em África, Ásia, Austrália e norte da Europa, apesar de nenhum deles ter viajado fisicamente para longe e, mantinham a comunicação entre si. Em especial, estavam intimamente ligados com uma tribo perto da Eritreia a qual alguns membros da tribo já tinham visitado.

Via tudo isto no meu sonho e, enquanto sonhava na Pedra do Oráculo com a sacerdotisa adormecida, via como as pedras à minha volta se mexiam e se transformavam. No princípio tornavam-se gigantescas, a seguir quase que se desmaterializavam novamente, por fim, transformavam-se em pessoas. Em sonhos caminhei através de todo o cromeleque e pousei o meu ouvido sobre as mais variadas pedras. Pareciam todas dormir e, através disso, colher muita informação. O sono parecia ter para esta tribo uma grande função e importância. Era pelo menos tão importante como o estado da chamada consciência acordada e tinha, pelo menos, a mesma realidade.

Enquanto dormia, observei com muita precisão a sacerdotisa, que se encontrava deitada na pedra, e que era fascinante na sua beleza. Enquanto a observava, houve uma mudança de energia no meu corpo. De repente, senti-me directamente ligada com toda a informação que a sacerdotisa recebia. Neste momento, era eu a própria sacerdotisa.

Guardei intimamente na memória a parte seguinte deste sonho. No sonho, como sacerdotisa, empreendia uma viajem a Malta. Entrei num quarto côncavo para o qual davam umas escadas e podia observar uma sacerdotisa. Esta dormia sobre uma pedra deitada, como ela abundante e redonda, num pequeno quarto de pedra arredondado, rodeada por outras mulheres que velavam à sua volta. Vi que perto da sacerdotisa adormecida se encontrava também um cromeleque. Também aqui estavam colocadas pedras guardiãs à volta de uma pedra deitada. Parecia ser um foco e ponto de arranque para as aterragens espirituais em Malta. E enquanto via tudo isto podia andar à volta do círculo, de pedra em pedra e via-me ainda a sonhar, de novo na minha forma actual. Parecia poder reter-me simultaneamente em várias épocas da história de uma forma perfeitamente normal. Este sonho abria-se, cada vez mais, para um inacreditavelmente complexo acontecimento temporal.

Quero registar que a imagem do sonho do cromeleque se confirmou quando, três anos mais tarde me dirigi a Gozo, uma pequena ilha que pertence a Malta. Nesse local encontrei realmente o cromeleque, bem perto dessa instalação do templo que tinha também observado nos meus sonhos. Este tinha apenas sido reencontrado há pouco tempo e, até à data, não se encontrava mencionado em nenhum guia turístico.

O Encontro Arquetípico com uma Rapariga de Doze Anos

Fiz a seguinte experiência quando fui ao cromeleque com um grupo de sonho. Acordávamos de três em três horas e reuníamos as nossas experiências. Aconteceu durante uma noite de Junho, perto do solstício.

Deitada e a sonhar sobre a Pedra do Oráculo fui no sonho conduzida através do cromeleque e, gradualmente, foi-me permitido partilhar os seus segredos mais profundos. O número das pedras não era casual. Representava o número necessário de pessoas para a forma fundamental de uma tribo, que lhe concedia a estabilidade e flexibilidade necessárias para um funcionamento estável e criativo. Cada pedra incorporava um arquétipo bastante definido. Um arquétipo é algo como uma imagem primordial e, deste modo, também um modelo para uma pessoa, uma fonte de energia e de informação, um ponto de protecção e orientação para o desenvolvimento de cada um. Estas 96 pedras pareciam todas representar arquétipos necessários para a formação de uma rede de informação e de amor na Terra. Na zona do cromeleque estão 92 pedras, porém, encontrei depois mais quatro nas imediações.

No sonho ouvi a voz da jovem Bechet, sacerdotisa do oráculo, que pareceu querer comunicar-me algo importante: *"Quando andares através deste cromeleque irás então também reencontrar os teus próprios arquétipos. Para cada pessoa existem três arquétipos. Um representa o passado, do qual esta vem, outro representa o presente, no qual esta se encontra e o terceiro representa o futuro, para o qual esta se move. Isto é válido tanto para o ciclo de uma vida, como para toda a forma de uma pessoa, que dura para lá da vida respectiva. Podes mover-te através deste cromeleque tanto a dormir como com a consciência desperta e a seu tempo reencontrarás os teus arquétipos, quando os procurares. Vais reconhecê-los através de uma energia e informação muito especiais. Eles transmitem-te aquilo que é agora importante para ti. Isso significa que podes invocar informações importantes tanto sobre a tua vida passada como sobre esta vida. Tudo depende sempre daquilo que é nesse momento importante saber para a respectiva pessoa."*

No sonho, movia-me curiosa através do cromeleque, carregada desta informação. Uma pequena pedra na zona inferior do círculo atraía-me particularmente. Aproximei-me e esta sussurrou-me: *"Espera até acordares e então visita-me. Deves ficar a saber como vivenciar algo numa consciência acordada."* Nesse momento, alguém do meu grupo se debruçou sobre mim, segredando-me: "É tempo de acordar. As três horas de tempo de sonho já passaram." Despertei imediatamente e, resumidamente, contei-lhes aquilo com que tinha sonhado. Levantei-me e tentei nesse momento saber algo acerca dos arquétipos. Fui de pedra em pedra. Foi-me pedido para não permanecer muito tempo em nenhuma delas, mas sim para continuar até ter a sensação de ser ordenada para parar. Assim, corria cada vez mais depressa, quase a dançar de uma para outra e encostava o meu ouvido nas grandes companheiras redondas para sentir se alguma informação alcançava o meu ouvido.

Quem me tivesse visto assim ter-me-ia declarado louca, porque na realidade esta espécie de investigação histórica é particularmente invulgar até aos dias de hoje. Mas nesse momento isso era-me completamente indiferente, queria saber com o que se relacionava o meu sonho. Sentia permanentemente uma reacção muito particular no meu corpo, como já tinha conhecido em visitas anteriores. Após isso, seguiam-se as inspirações. Assim, por exemplo, a zona da minha barriga aquecia subitamente quando perguntava algo a uma pedra, ou a minha mão aquecia, ou sentia de súbito um formigueiro na cabeça. E por fim seguiam-se sempre informações muito concretas. Resumindo, cada pedra apresentava-me que arquétipo da tribo esta representava. Mandaram-me depois seguir para encontrar uma pedra que guardava agora para mim uma experiência especial.

De regresso, uma pedra tocou-me com uma energia muito especial e encontrei um domínio que me foi apresentado como centro das plantas e domínio das crianças. Com o corpo quase abanado, fiquei como que enraizada. Encontrava-me perante uma figura pequena e esguia, que me chegava até ao peito. Imediatamente, soube que tinha ido agora ao encontro de um dos meus arquétipos. Fechei os olhos e detive-me. Sentia surgir em mim uma imagem muito íntima de mim mesma como uma rapariguinha de doze anos. Fiquei comovida e inundada de recordações do meu passado. Eram recordações desta vida. Sentia novamente em mim a sexualidade emergente, o meu amor para com um rapaz da vizinhança. Vi-me na minha energia e mobilidade, mas via também a minha timidez e a vergonha latente relativamente ao rapaz. Lembrei-me de novo, muito detalhadamente, de que modo percebia as plantas, animais, pedras e elementos. Estava cheia de espírito de descoberta e de alegria pela puberdade que se aproximava. Como seria quando desse o meu primeiro beijo, quando iria ter o meu primeiro namorado? Cheia de desejo, esperava tornar-me adulta. Sentia-me exactamente entre dois estados, o estado da criança e o nível do ser adulto. O meu peito começara a crescer e, de vez em quando, uma pontada no meu ventre anunciava já que me tornava mulher. Mas havia também medo nas minhas células. Vi diante de mim como fora alertada contra os homens e contra o perigo ameaçador da sexualidade. Os homens pareciam querer sempre a mesma coisa e devia com eles tomar extrema cautela. Eles representavam o fascínio mas, em primeiro lugar, representavam também ameaça e violência. "Quem olha para os rapazes cedo demais e vai na sua conversa, não irá mais tarde arranjar marido."

Insistentemente, fui assim doutrinada. Por detrás deste medo sentia a curiosidade enorme sobre a vida erótica das pessoas crescidas. Portanto, morava já na minha alma uma certa divisão. O perigo ameaçador, o desejo do amor e a fascinação pelo proibido, interiormente, lutavam entre si.

À medida que rapidamente decorriam diante de mim muitas dessas impressões e experiências, mudava a minha perspectiva. Já não me via na vida presente, tal como a senti e pensei com doze anos. Via agora outra rapariga de doze anos, muito mais elementar, que parecia vir de um tempo completamente diferente. Agora a minha memória ia para além das experiências desta vida. Encontrei um ser feminino de doze anos, originário da pré-história. Vi-a diante de mim com as suas tranças pretas e os seus olhos escuros. Vi a sua beleza e a sua energia. *"Chamam-me Liana Branca"* – apresentou-se. Imediatamente, a sua energia colocou-me num novo espaço de vivência e de experiência. Sentia as minhas pernas com uma energia exuberante. Encontrava-me num estado de confiança primordial elementar e sentia pela vida uma esperança e alegria antecipadas. Estava na companhia e ao cuidado de Wasima, a sacerdotisa do oráculo, que me chamava muitas vezes para novos ensinamentos e experiências.

Desde há dois anos que me dedicava à protecção e ao cuidado de determinadas plantas na floresta tropical, cujo conhecimento podia invocar e, finalmente, levar para o meu lar ou para a minha tribo. Todas as crianças, até à idade de pelo menos doze anos, eram iniciadas no conhecimento das plantas e tinham plantas companheiras especiais que, invariavelmente, lhes apareciam nos sonhos. Daí as nossas sacerdotisas do oráculo conseguirem também ler bastante acerca da nossa futura profissão. Sabia que em breve teria um novo grau de iniciação perante mim. Seria iniciada no reino dos sentidos e dos animais. Iria avançar mais um grau no círculo da tribo e no círculo da vida. Viria a ser aceite no círculo da juventude e seria, dentro dos próximos sete anos, iniciada no conhecimento sexual. Durante a infância e também durante as seguintes etapas da vida, eram percorridos três espaços vitais e espaços de conhecimento. Estava no meu segundo estádio, atribuído ao reino ou domínio das plantas e fui preparada para o terceiro grau no qual, geralmente, se entrava aos 14 anos: o reino dos animais e dos sentidos. Este grau de iniciação era feito de uma maneira especialmente sagrada e tinha como ponto culminante a iniciação na vida sexual. Esta iniciação era preparada ao longo de vários anos e cuidadosamente acompanhada pelas sacerdotisas do templo do amor sensual. Sentia-me cheia de uma energia incontrolável. Sentia uma ligação clara e telepática com Wasima, a sacerdotisa do oráculo e com o conselho dos anciãos, que sempre me advertiam para guardar bem na memória as experiências que fazia com esta idade. Sabia que tinha de manter sempre vivo o meu conhecimento sobre as plantas e a percepção do mundo tal como agora o vivia, para poder chegar ao estatuto de uma sábia sacerdotisa do oráculo. Sentia esta vocação como o meu objectivo de desenvolvimento interior. Também a minha planta correspondente, a liana branca, de acordo com a qual fui chamada, apontou para o facto de que esta profissão esperava por mim nos próximos anos.

Enquanto ali estive e vivi todos esses sentimentos elementares, senti claramente a diferença fundamental entre o estado de confiança primordial e o de um medo celular que na minha vida presente, com apenas doze anos, já se tinha tornado há muito numa segunda natureza. Era neste estado de medo fundamental que viviam todas as pessoas da nossa cultura ocidental, foi o que claramente vi diante dos meus olhos. Para mim, pelo contrário, era essencial olhar para o mundo com um olhar completamente novo, num estado de confiança primordial livre de medo. Apesar de ser de noite, via o cromeleque e tudo à minha volta envolvido numa luz particularmente especial. Percebi como sagrado e divino, a vitalidade, a sensualidade e a materialidade de toda a existência à minha volta. A própria vida resplandecia em mim na sua energia sagrada, não precisava de nenhuma religião suplementar ou de outro conforto. Para mim, era como se me encontrasse no meio do paraíso. Já não conseguia permanecer quieta, tinha de mover-me e comecei a dançar. Movimentos ondulantes e serpenteantes levavam consigo o meu corpo. Comecei a correr com passos fortes. Um pássaro nocturno acompanhava-me e voava junto a mim. Todo o mundo à minha volta radiava e brilhava em mim uma poderosa ligação e sensualidade. Estava no universo e em casa ao mesmo tempo. Fosse para onde fosse que gritasse, questionasse, escutasse, cheirasse, sentisse, apalpasse, saboreasse, em tudo vinha até mim uma resposta. Nada surgia como morto. Olhei com interesse e com vigília elementar, para um mundo que não era ensombrado por nada.

Apesar de tudo me parecer familiar, simplesmente não existia nada que se parecesse com o hábito e, desse modo, aborrecido. Não existia nenhum aborrecimento nesta percepção. Cada coisa, cada apelo de um pássaro e cada barulho estava cheio de comunicação e atravessava felinamente a minha percepção. Enquanto percorria o caminho com passos enérgicos era como se, de repente, pudesse facilmente experimentar um Salto. No entanto, uma parte de mim tinha consciência que na realidade estava no século XX e, por esse motivo, uma timidez e um cuidado impediam-me simplesmente de o experimentar. Algures, senti um círculo de energia que me informava: *"Até aqui e mais longe não."* Deste modo, o mundo parecia mostrar a todos os seres as suas fronteiras naturais. Sabia que, da próxima vez, a fronteira seria outra. Sabia o que Nammu representava com estas fronteiras e confiava nela absolutamente. A fronteira não me causava medo nenhum, mas era claramente algo que tinha de aceitar. Era algo como um portão sagrado, um limiar no conhecimento, que indicava a todos o seu caminho e a sua direcção. Regressei ao cromeleque dócil e levemente cansada, de volta ao meu lugar original e de saída, a pequena pedra esguia onde fora iniciada na essência de um arquétipo sem medo, através de uma rapariga. Agora, esta era outra vez uma pedra perfeitamente normal. Mais precisamente, vi em meditação que ela estava ferida e coberta com argamassa. Um ligeiro alvorecer a Oriente indicava-me que a noite se aproximava do fim. Olhei para o relógio e verifiquei que outras três horas tinham passado. Fui acordar o meu substituto. Instintivamente, tornei a deitar-me por um momento na minha cama de pedra, a Pedra do Oráculo. Queria esperar a alvorada sobre esta pedra. A preparação no mundo do sonho fora tão excitante e realista, como a preparação do dia seguinte. Dormi apenas duas horas, sonhei com a tribo das belas pessoas de pele escura e, mais tarde, fui de novo acordada para mais uma e última visita.

O Conselho de Sábios
e a Pedra da Cura

A seguinte imagem da tribo desenhou-se ao longo das minhas questões: muito a Ocidente, estavam os mais anciãos da tribo. Gozavam da confiança de todos, porque tinham um nível de conhecimento e experiência particularmente grande. O conhecimento da ancianidade parecia ter uma fonte na infância. O conhecimento da infância era nitidamente importante, porque também no meu contacto com o arquétipo da infância, que se me revelou como Liana Branca, tinha sido com insistência instruída a proteger cuidadosamente esse conhecimento existente em mim e a nunca esquecer a percepção que agora tinha do mundo. Os mais anciãos traziam, invocáveis em si, os conhecimentos e revelações que tinham vivido no passado, podendo assim manter o contacto imediato com a tribo e com todas as faixas etárias, sem parecerem moralistas. Talvez fosse isso que concedia à sua resplandecência, também numa idade avançada, o seu encanto particular. Todos tinham uma resplandecência muito pessoal e uma radiação característica, mas o que lhes era comum era a grande aura da virtude e da alegria. *"A alegria traz consigo a energia do conhecimento da sobrevivência. Ela protege-te também do maior perigo"*, informara-me um dos mais anciãos quando procurei o seu conselho. A pedra atraíra-me de facto magicamente, fruto da sua energia particularmente resplandecente e alegre e da sua forte energia de radiação.

Os mais anciãos pareciam ser anciãos e jovens simultaneamente. Nesse círculo cada um tinha uma função muito específica. Existiam várias sacerdotisas do oráculo, que dominavam de um modo específico a arte do sonho. Elas protegiam o centro espiritual da tribo e cuidavam de que o contacto com o sonho da criação nunca se perdesse.

Cada uma representava um aspecto particular do sonho e dos quatro pontos cardeais. Cada uma representava também um outro aspecto das estrelas, porque se tratavam de estrelas para as quais os antepassados se haviam retirado, quando deixavam a Terra e com os quais a comunicação era tratada muito conscienciosamente.

As sacerdotisas do oráculo deitavam-se regularmente sobre a pedra, em sequência alternada, em determinadas constelações estrelares, na qual também eu já dormira, para a partir daí receberem todas as informações importantes. Existia uma pedra na qual repetidamente sentia os «milhares de alfinetes» na cabeça. Esta representava o chacra da coroa nas pessoas. Era a chamada estação emissora cósmica, que enviava e recebia todas as informações do universo. Era o arquétipo do astrónomo que ensinava os jovens descendentes em astronomia, que conhecia exactamente as posições do Sol e da Lua e que sabia, quando e qual estrela surgiria no céu. Este arquétipo podia ser representado como homem ou mulher, isso dependia completamente das revelações que os membros da tribo recebessem nos tempos da sua juventude, no reino das plantas e dos animais. Destas revelações recebiam orientações importantes para as suas posteriores profissões. Muitas vezes, a intenção e a profissão com a qual um novo membro da tribo encarnava, era comunicada muito antes do nascimento às sacerdotisas do oráculo e aos mais anciãos.

Junto da função da sacerdotisa do oráculo, também o chamado conselho tripartido, que tinha plenos poderes para tomar resoluções definitivas, era ocupado por mulheres. Para as decisões humanas, as mulheres tinham de toda a tribo uma confiança derrogatória, sem que ninguém colocasse isso em causa. O seu centro de criação era a Mater e isso exprimia-se também na sua organização.

Do conselho de sábios, composto por homens e mulheres, faziam parte 13 pessoas. A seguir ao número 3, que representava os três aspectos da Deusa, para protecção da sabedoria e abertura na comunicação, e junto ao 5 enquanto número da materialização, o 13 era de seguida o número sagrado mais importante. Cada número era portador de um determinado aspecto da criação. No 13 estavam representados os 12 aspectos da criação e o aspecto da eterna mudança, da qual resultava a infinidade e multiplicidade da criação. Os 12 aspectos do ser e o 13 como aspecto da nova criação, eram o fundamento para o eterno ciclo da mudança e da reencarnação. Assim, existiam para eles no universo os 13 zodíacos e os 13 meses, que se orientavam pelo calendário lunar. O 13 representava a coesão na comunidade. O 13 era algo como a posição de repouso num movimento de um pêndulo. De seguida, tudo começava novamente com uma nova tarefa de criação, vibrando num novo ritmo do ser. Se esse novo começo resultaria, dependia sempre da comunidade, da transparência e permeabilidade das coisas. Não em último lugar, como meio de luta contra tudo o que era feminino e contra os aspectos femininos da cultura, o 13 foi mais tarde considerado um número de azar.

Como expressão do novo início festejavam o 365º dia, que não pertencia a nenhum ano, como dia da comunidade. Este dia representava simbolicamente o dia zero, antes e após a criação, representava também simbolicamente o caos e o novo início, do qual nascera a criação e a partir do qual originava todo o devir. A comunidade formava o receptáculo e o critério para saber se a Mater, no sentido da criação desejada, podia regressar ao seu corpo ou se regressava ao caos, porque todos eram parte da criação, mas simultaneamente também co-criadores. Sabiam que com o crescimento na complexidade da totalidade da obra de criação, também o nível de caos possível iria crescer, tendo estes de o deter para que a nova criação pudesse sempre continuar. Não existia neste processo nenhuma parte de menor relevância. Para alcançar o êxito, cada elemento singular era igualmente importante. Nada podia escapar à criação, porque tudo junto formava o equilíbrio. Para os sábios, era por isso muito importante conhecerem os elementos singulares da tribo e apoiar quem corresse o perigo de se perder. O número das 92 pedras, representava simbolicamente a garantia da transparência e clareza dentro da tribo. Esse era o número certo para a representação cósmica e para a transparência íntima e pessoal que uma tribo precisa para a sua coesão. Três outros representantes, que não se encontravam presentes aqui no círculo, actuavam como guardiões nas vizinhanças e a pedra 96 era o elo de ligação simbólico com as tribos vizinhas. Estavam permanentemente em comunicação telepática. Mantinham não só este contacto telepático, como também o contacto espiritual directo com as tribos vizinhas.

Na vizinhança imediata do conselho dos anciãos situava-se o centro de cura. A pedra de cura, grande e poderosa, estava posicionada no interior do círculo. Apresentava-se como uma personalidade abrangente, da qual as pessoas se aproximavam com grande deferência. Ela própria pertencia ao conselho dos anciãos e apresentava sempre os aspectos que serviam a cura. Esta chamava sempre a atenção quando algo estava fora de sintonia. Prestava uma atenção elevada a todas as questões da cura, não apenas ao nível pessoal, mas também universal. A doença era sempre recebida como um sinal de que o fluxo de comunicação da própria criação fora de algum modo interrompido, o qual, por isso, necessitava de uma correcção. Entendiam a doença como um apelo de Nammu a um aspecto da pessoa em questão que devia agora obter particular atenção. Através da doença, queria realizar-se na respectiva pessoa um aspecto único e particular de um novo sonho de criação, e o processo exigia agora uma atenção elevada de todos os implicados. Isso era necessário para que esse aspecto individual pudesse ser completamente compreendido e realizado. Neste sentido, tinham um entendimento da doença completamente diferente daquele a que hoje estamos habituados. A doença indicava uma perturbação, mas por detrás desta estava sempre um pensamento saudável e um desejo de criação que queria ser reconhecido. Se alguém se encontrava gravemente doente, o que raramente acontecia, chamavam-se e reuniam-se alguns membros da tribo para em conjunto se dedicarem à cura. Na maior parte dos casos eram executadas determinadas danças, para convocar as energias de cura físicas e divinas e as energias do conhecimento orgânico. Além disso, para a cura, utilizava-se sempre a energia das plantas, a energia do sonho e a energia do oráculo. O próprio conhecimento de cura, era sempre o doente que o continha. A sua doença, nesse sentido, era também entendida como uma dádiva da criação, através da qual algo novo se queria manifestar. Se o conhecimento tivesse sido captado, iniciava-se então imediatamente o processo de restabelecimento. Actualmente, veríamos essas recuperações como curas milagrosas. Tudo aquilo que acontecia, era a expressão de uma qualidade espiritual e podia enquanto tal ser entendida e decifrada.

As Crianças das Estrelas

A sul do conselho dos anciãos estavam as pedras que representavam os recém-nascidos e as amas. Na companhia das amas entrava-se no ciclo da vida terrena. Cada ser vivo iria percorrer durante um ciclo de vida todos os graus que o cromeleque representava, antes de se voltar a despedir da roda terrestre por algum tempo. As crianças eram esperadas com grande alegria e preparava-se o seu nascimento de um modo especial. Na maioria dos casos, os pais sabiam os seus nomes muito antes do nascimento e era-lhes também comunicado, de qual das muitas estrelas as crianças lhes chegariam.

Os recém-nascidos, tinham desde o início uma função especial na tribo. Eram sempre vistos como mensageiros cósmicos, que traziam um aspecto da nova criação para a tribo. Muitas vezes esperavam antepassados da própria tribo, que regressariam com uma nova experiência cósmica, mas esperavam sempre também novos membros da tribo, que nunca antes tinham encarnado junto a eles na Terra. Esses seres receberiam uma saudação e introdução na vida terrena muito diferente da dos antigos, que fundamentalmente já conheciam bem o planeta Terra. Os membros da tribo estavam em comunicação com os seres vindouros, muito antes destes terem nascido. Deste ponto de vista, a profissão de uma criança estava na maior parte dos casos já determinada antes do nascimento, visto esta se anunciar sempre com as intenções com que vinha a esta Terra, perguntando sempre à respectiva mãe se isso era desejado. Na maior parte dos casos, o anúncio de um novo membro da tribo dava-se através dos sonhos, mas muitas vezes sucedia também que uma mulher da tribo, ao colher plantas na natureza, ou ao oferecer o seu canto à grande Nammu, fosse chamada por uma criança das estrelas, que lhe comunicava o seu desejo de vir à Terra e de ser sustentada por ela. Por vezes as crianças das estrelas também apareciam em sonhos aos seres humanos, quando desejavam a companhia particular de um determinado ser nos primeiros anos da infância. Apesar disso este era um acontecimento raro, uma vez que a mãe, em primeiro lugar, lhes era muito mais importante. Estes seres comunicavam então ao homem correspondente que desejavam a sua energia masculina ao seu lado.

A relação com a sexualidade, bem como a relação com a procriação, era essencialmente diferente da que se vive actualmente. A paternidade há muito que não tinha o significado que viria a ter em tempos posteriores. Sabiam perfeitamente que a sexualidade estava relacionada com o nascimento de crianças. Mas acerca da ideia de que a fecundação se explicava apenas através de um processo puramente biológico, um mecanismo que se realizava através do sémen e do óvulo, teriam rido pelo menos tanto quanto hoje talvez nos riríamos da imagem das crianças das estrelas os chamarem, para anunciarem a sua chegada. Para eles era claro que o processo biológico era influenciado através de processos espirituais e que eram os processos espirituais que determinavam a chegada do momento da fecundação. A criança comunicava-lhes quando a altura chegava. Não era um calendário biológico que decidia a fertilidade ou infertilidade, mas o facto do contacto espiritual com os antepassados funcionar ou não. Claro que existiam no ciclo biológico dias especialmente férteis, nos quais o acto sexual era consumado conscientemente, para receberem o ser no corpo. O acompanhante masculino que a criança desejava, não tinha de ser necessariamente também o pai biológico. Porque as mulheres gostavam do amor sensual, porque a sexualidade não era apenas um acto de concepção, mas uma festa química da fusão entre energias cósmicas e terrestres, entre as energias de procriação cósmicas masculinas e as energias receptoras femininas de Nammu, e porque esta era usada para a celebração de Nammu, para a fertilidade dos campos e colheitas e para a luxúria dos sentidos, as mulheres da tribo deitavam-se com vários homens. Ainda não conheciam laboratórios químicos e não podiam determinar com clareza quem tinha sido o portador do sémen, que serviria ao filho das estrelas como ponte para a entrada no corpo terrestre. Por isso, tinham de se entregar à mensagem dos antepassados. De facto, acontecia por exemplo que um antepassado se anunciasse com o desejo de que uma mulher acasalasse apenas com um homem durante as semanas seguintes, para que estes dois se pudessem unir totalmente espiritual e fisicamente. Era esse o caso quando ele desejava precisamente esse homem como pai. Também acontecia que dois amantes fossem, a determinado momento, precisamente chamados pela sua orientação interior para o templo do amor, para juntos festejarem a festa sensual da concepção.

Também a hereditariedade de determinadas características era um processo universal. O ser que queria chegar, tinha capacidade de decisão própria sobre quem escolhia como pai e mãe. Dava-se-lhe a inteira confiança. As relações de parentesco eram de tipo espiritual e eram também comunicadas por esse meio. Uma mãe que tinha sido questionada, tinha sempre naturalmente a possibilidade de comunicar ao ser cósmico que ainda não havia chegado o tempo, que esta aqui da perspectiva da Terra e da perspectiva de Nammu ainda não se sentia pronta para a chegada de um novo ser. Para essas decisões procurava determinadas sacerdotisas do conselho dos anciãos, que eram competentes para as questões da fertilidade e do nascimento. Assim, em conjunto deliberavam e em conjunto era decidido. Ultimamente, acontecia também por vezes que seres estranhos do universo se aproximavam e tentavam encontrar o acesso à tribo. Tentavam isso de uma maneira algo obscura. Então, podia acontecer que um ser se introduzisse numa rapariga, quando ela nos seus sonhos não tivesse tomado cuidado convenientemente. Eram na maior parte dos casos seres que na sua vida anterior tinham morrido numa situação de medo e que por isso tinham perdido a orientação e queriam agora regressar, porque eram demasiado impacientes e procuravam imediatamente ajuda. Para evitarem a sua chegada inoportuna e evitar o possível caos, a tribo tinha encontrado determinadas plantas que serviam para o controlo da natalidade. Eram sagradas e veneradas como guardiãs do nascimento e protectoras da vida terrena. Essas plantas eram distribuídas às raparigas, que já eram iniciadas no conhecimento da sexualidade e que festejavam a festa do amor sensual com os rapazes, mas que ainda não tinham a maturidade espiritual e anímica para carregar uma criança. Estas plantas ajudavam as mulheres, para que nenhuns seres indesejados pudessem encontrar acesso ao seu corpo. Também se utilizavam as plantas quando se queria mandar embora de novo um antepassado que se tivesse aninhado cedo demais.

Pela educação não eram só a mãe ou o pai os responsáveis, mas toda a tribo. Os recém-chegados eram sempre esperados e saudados por todos. As crianças eram, pelo menos nos primeiros anos, educadas e ensinadas sobretudo pelas mães e pelas amas. Mas também essencial para a educação era a vida na comunidade. Com particular atenção, os seus primeiros anos eram acompanhados pelo conselho dos anciãos. Eram estes que tinham a tarefa de proteger a recordação das crianças do mundo espiritual, de onde tinham vindo. As crianças não eram tratadas como pequenos seres ignorantes, mas eram antepassados, que traziam consigo um grande conhecimento. Se um recém-nascido ou um adulto era na realidade a pessoa mais velha, mostrava-se noutras coisas para além da idade actual. Sabia-se que as crianças, no tempo da sua ausência, tinham visitado os mais diversos lugares cósmicos e que traziam consigo destes mundos muitas novidades importantes. As crianças possuíam por isso, espontaneamente, um conhecimento formado muito preciso sobre as estrelas. Agora tinham de aprender a apresentar isso na comunicação terrena. Eles prosseguiam as suas viagens de sonho e reeducavam gradualmente o seu conhecimento terreno. A actividade mais importante de todos os acompanhantes consistia em reconhecer a essência e o sonho dos filhos das estrelas e em estimular a sua memória. Pois aquilo que ameaçava uma tribo e o que a tornava insatisfeita e possivelmente vulnerável à violência, apenas podia surgir a partir do espaço do esquecimento. Por isso o limiar, o portão da vida de um estatuto existencial para outro, era particularmente protegido. Ninguém devia esquecer-se de que domínio tinha vindo e para onde iria.

Geralmente, a partir do quinto ano de vida os pais acompanhavam os filhos com especial intensidade, porque a partir dessa altura começava a fazer-se sentir em todos os seres um determinado aspecto espiritual e masculino, que era cuidadosamente consultado e acompanhado, enquanto que o aspecto feminino se sobrepunha anteriormente e recebia também a atenção correspondente. Isso era válido independentemente de se tratar de um rapaz ou de uma rapariga. Para além disso, não se falava de pais. Ainda não conheciam o conceito de paternidade no sentido actual, porque não partiam do princípio de que o homem era o progenitor. Todos estavam completamente orientados pela imagem da grande Mãe. Os homens estavam, do ponto de vista histórico, no estado de filhos nesta Terra. Consideravam-se todos filhos de Nammu, em preparação para uma nova maturidade masculina. Assim, os homens eram chamados de *Grande Irmão* ou *Xamã*, quando trabalhavam ao serviço do amor no templo da Deusa. As mulheres, com efeito, ligavam-se com o aspecto maternal da criação através do acto de carregarem a criança, por quem tinham agora responsabilidade. Eram um aspecto da grande Mãe e eram por isso chamadas de *Schanammu*, que significava algo como *participante na grande Mãe*.

O nascimento era um dia de festa. As mães conheciam muito precisamente o tempo e hora em que a criança nasceria, porque estas reflectiam determinadas constelações da Lua e das estrelas nas quais a criança desejava chegar. Com esse aspecto, todos os membros da tribo estavam em íntima ligação e era para as mães uma facilidade colocarem o corpo disponível para esta hora de nascimento. Se houvesse complicações, o que acontecia raramente, conheciam plantas que as apoiariam no processo. Era claro que tudo decorreria de acordo com o plano e, próximo da hora do nascimento, convocavam então todos os membros do clã. Certas crianças desejavam nascer no próprio cromeleque. Isto acontecia por causa da íntima ligação que este local tinha com as estrelas. Crianças que mais tarde teriam a missão de conservar e cuidar do contacto com as estrelas, escolhiam na maior parte dos casos este lugar de nascimento. Outras preferiam o lugar das mulheres e o lugar do nascimento. Este estava mais perto da Terra e mais protegido e era escolhido por seres que ainda não tinham estado frequentemente no berço da Terra e desejavam uma entrada mais cuidadosa. As crianças eram recebidas com música, tambores e dança. Os tambores eram tocados suave e discretamente. Estes representavam o batimento do coração da Terra e o batimento de coração de Schanammu, que a criança já ouvira permanentemente nos últimos 9 meses. Era importante que primeiro fosse possibilitada uma transição suave no planeta Terra, para que nada entrasse no espaço do esquecimento, que durante a transição dos espaços existenciais podia facilmente acontecer. Na maior parte dos casos, tinha-se ensaiado uma canção para o recém-nascido que já continha o seu nome. O nome era cantado nos mais diversos tons, que deviam fazer recordar à criança os sons da sua origem. Normalmente, as duas coisas já tinham sido comunicadas à Schamannu em sonho e ela cantara esta canção frequentemente nos tempos da sua gravidez. Todos os planetas estavam ordenados em determinados tons, e dependendo de onde a criança vinha, eram-lhe atribuídos os tons correspondentes.

As crianças nasciam na maior parte dos casos em pequenos grupos. Muito raramente vinha um filho único ao mundo. Isso só acontecia quando uma constelação de estrelas muito precisa para o processo de nascimento fosse extremamente urgente. Existiam anos de nascimento propícios, nos quais se anunciavam particularmente muitas crianças e outros nos quais não nascia nenhuma criança. Morte e renascimento estavam em relação imediata um com o outro. O número de membros da tribo era de importância sagrada, não podendo ser ultrapassada uma determinada medida. Era importante manter o equilíbrio das energias da vida. Por isso era cuidadosamente ponderado pelos mais anciãos da tribo, quando se chamavam novos antepassados até si e quando em vez disso os aconselhavam ainda a esperar.

Nos primeiros sete anos as crianças viviam no meio de outras crianças e amas. Podiam ir ter com as suas mães ou pais, se o desejassem, mas estes não eram de modo nenhum os educadores exclusivos, como é hoje o caso.

Os primeiros anos serviam para a aprendizagem do sentido do tacto. Eram adquiridos o olfacto, o gosto, o treino de formas de movimento orgânicas, o sentido das artes e dos jogos intuitivos. Além disso sabia-se que estes pequenos seres traziam consigo um olhar muito especial sobre o mundo, o olhar das estrelas, através do qual estes podiam ver e conhecer todos os processos energéticos de luz das coisas materiais. Viam portanto, por detrás e nas coisas, sempre também o sonho energético que as coisas sonhavam. Quando olhavam o mundo com os seus olhos grandes e quase sempre muito escuros, tinha-se a impressão de estarem a olhar através das coisas; isso era devido às auras e processos de energia que observavam, num estado de fascinação permanente. Esse olhar era especialmente cuidado e protegido, porque não se podia perder através dos anos vindouros e dos aspectos da vida que se tornavam cada vez mais materiais. Através das sacerdotisas do oráculo, eram à partida instruídas na atenção face aos seus sonhos. Tinham a tarefa de ajudar cuidadosamente os recém-nascidos, a guardar na memória os processos de energia cósmicos que estes viam permanentemente e a traduzi-los na linguagem e circunstâncias da existência terrestre.

Cada criança percorria o chamado círculo da comunidade, até encontrar a sua própria condição. As crianças cresciam em conjunto e eram acompanhados pelas irmãs e irmãos e iniciadas na vida da tribo. O círculo da comunidade era percorrido em 50 anos, tempo que durava um ciclo até ao crescimento. Geralmente, aos 50 anos era-se uma pessoa completamente encarnada e assim tornada adulta. Esta conhecia agora os diversos aspectos de Nammu e tinha encontrado a sua função determinada dentro da respectiva tribo ou também numa tribo vizinha. Era-se agora um membro completamente responsável da comunidade e dessa forma também responsável por toda a criação.

O Reino das Plantas e das Crianças

Com cerca de sete anos as crianças assumiam as suas primeiras tarefas responsáveis na tribo. A idade de sete anos era apenas uma orientação geral. Individualmente, era decidido nos sonhos e em particular no desenvolvimento de cada criança, quando tinha chegado exactamente o momento desta dar a sua entrada no reino das plantas e do conhecimento dos mistérios. Quando uma criança tinha um sonho especial com uma planta, fosse esta uma flor, árvore, arbusto, erva ou cogumelo, isso era considerado como um sinal de que essa planta a chamava. A partir desse momento a criança era iniciada na vida da alma das plantas e cuidava também de determinadas tarefas.

Cada criança tinha uma planta que, de maneira especial, correspondia à sua essência e protegia segredos que deviam ser descobertos e invocados especialmente por ela própria. Tratava-se de um conhecimento sobre energias de cura ou alimentação, acerca de espíritos protectores ou energias de conhecimento. As plantas protegiam este aspecto e esperavam que as crianças descobrissem o seu segredo. Cada criança percorria este estádio. Era importante para os membros da tribo, para a protecção das plantas e, também para o desenvolvimento de cada criança em particular, que fossem trilhados e assimilados todos os diversos graus do conhecimento das plantas.

Nos primeiros anos, a consciência percorria objectivamente uma determinada evolução. Um novo nível da alma, muito próximo da consciência das plantas, era agora encarnado nas crianças, não existindo já quase ninguém que conseguisse decifrar melhor a consciência das plantas do que aqueles que tinham entre 7 e 14 anos. A sua própria alma correspondia, neste estádio de desenvolvimento, à essência de uma planta. Por isso, podiam compreendê-las particularmente bem. As crianças eram espíritos protectores para as plantas e as plantas ofereciam protecção para toda a tribo, ao transmitirem conhecimento. Em cada segredo descoberto pelas crianças, um pouco mais firme e profundamente a sua alma encarnava nesta Terra.

Ao percorrer o cromeleque para conhecer os diversos arquétipos da tribo, uma pedra comunicou-me: *"Nós abordamos a árvore como amiga. As plantas têm uma alma. A sua energia curadora só pode realmente libertar-se e funcionar quando vocês se ligarem a ela. Quando vocês se reconhecerem, elas ajudam-vos assim que precisarem delas."*

As pedras que estavam na parte inferior, a Sudoeste do cromeleque, representavam o conhecimento das plantas e das crianças. Neste reino ou domínio tinha encontrado Liana Branca, a rapariga de doze anos. Os jovens membros da tribo protegiam o espaço das plantas e eram apoiados e acompanhados nesta tarefa pelos adultos. Na maior parte dos casos, eram mulheres e homens com idade entre 40 e 50 anos que protegiam este domínio e acompanhavam as crianças no seu caminho de aprendizagem da almas das plantas. Na maior parte dos casos, as plantas comunicavam às crianças os seus nomes de sonho para reconhecerem que tinham sido chamadas. Embora as crianças fossem acompanhadas pelos adultos, eram elas próprias que tinham a mais alta autoridade sobre a consciência das plantas. Tinha-se em atenção que fossem instruídas na sua maneira específica de olhar a sua memória, para levarem consigo até à idade adulta esta forma de pensar e sentir semelhante à das plantas. O corpo emocional do ser humano tornava-se particularmente formado e estabilizado através do contacto com as plantas. Só neste nível era possível comunicar com as plantas. Os membros da tribo sabiam que as plantas guardavam e transmitiam de modo próprio as mensagens da Mater ou do cosmos. De noite e, também durante o dia, as plantas e pedras falavam com estas crianças, emprestavam-lhes a sua energia e comunicavam-lhes a sua maneira de compreender e de proteger o mundo.

Era essencial que a alma da planta de uma criança pudesse amadurecer até ao pleno florescimento, pois apenas nessa altura esta também estava pronta para as informações do próximo grau de desenvolvimento. Nada deveria ser deixado para trás. O corpo das plantas oferecia à criança protecção contra todos os perigos possíveis. Ao abrigo desta perspectiva não existia qualquer perigo, porque o mundo se apresentava de outro modo. Assim, determinavam a medicina das plantas e compreendiam como utilizar a energia do conhecimento. Conheciam e compreendiam a localização das plantas. A esses lugares regressavam sistemáticamente, para os contactarem, cuidarem e proteger. As plantas apoiavam-nos na consciência da utilização da energia de levitação e na gravidade. Com a ajuda destas plantas, as energias cósmicas dos membros da tribo aumentavam, podendo estes deslocar facilmente as grandes pedras e, através da chamada própria força, realizar actos físicos gigantescos.

Naturalmente, as plantas também os apoiavam a fazer viagens no tempo, ou a visitar em espírito diversos lugares através de longas distâncias. Isso acontecia através da mudança dos espaços de consciência. Quando queriam fazer viagens no tempo eram apoiados pelas plantas. Através da comunicação com as plantas, eram instruídos no aprofundamento e materialização da sua auto-consciência. Nos sonhos eram conduzidos pelas suas plantas de energia, a determinados lugares que eram importantes para o seu desenvolvimento. Eram ensinados e preparados em todas as aprendizagens através de sonhos.

Colhiam e semeavam plantas. Comunicavam com a essência da natureza através da música e do canto. Os adultos acompanhavam-nos nisso. À minha questão sobre que plantas existiam outrora, fiquei a saber que existiu um reino das plantas extremamente variado. A flora e o crescimento, que se abria diante dos meus olhos, correspondiam aproximadamente ao da actual floresta tropical. Pequenos locais protegidos tinham já sido introduzidos para a agricultura, mas isso ainda não era importante. Semeavam e colhiam sobretudo nas florestas e cuidavam para que as plantas permanecessem entre si no seu equilíbrio natural.

Quando uma rapariga de Tamari sonhava com uma palmeira e revelava como a sua alma de planta correspondente era a palmeira, então, este era um sinal bastante seguro de que ela, anos mais tarde, escolheria a profissão de sacerdotisa do oráculo. As palmeiras eram consideradas plantas especialmente sagradas. No fruto que a árvore oferecia em sonho à rapariga, podia reconhecer-se o domínio do oráculo no qual seria especialmente ensinada. Uma árvore igualmente sagrada, representando especialmente o conhecimento sexual da sacerdotisa do oráculo, era a figueira. Ela anunciava que Nammu se queria revelar a esta pessoa, sobretudo no seu conhecimento do amor sensual e que a rapariga ao serviço do templo deveria ser preparada no domínio dos sentidos.

Os jovens sonhavam, com particular regularidade, com plantas do reino das bagas ou das ervas. Mas existiam também espécies de cereais silvestres muito específicas, ou também árvores tropicais, que serviam antes para o desenvolvimento de características masculinas. As características diferenciadoras consistiam, em primeiro lugar, no facto de trazerem em si substâncias amargas, de apresentarem menos superfície e das suas raízes alcançarem grandes profundidades no interior da terra. Isto consolidava os corpos dos rapazes, consolidava a sua natureza espiritual de ver o mundo e dava-lhes uma ligação sólida com Nammu, a matéria. Simultaneamente, estas plantas criavam uma abertura nos mundos transcendentais do conhecimento, da astronomia, do conhecimento sobre os pontos cardeais e linhas terrenas, na capacidade de comunicação com outros povos e muito mais. Os seres masculinos eram preparados de maneira especial para o conhecimento espiritual e para o serviço ao amor. Eles chamavam a energia masculina cósmica que vinha de espaços imateriais. Por isso, tinha para eles uma importância muito especial aprender o centramento físico, porque só quando conseguissem manter esse equilíbrio interior entre a energia física, a energia espiritual e a íntima ligação com Nammu, estariam maduros para a tarefa do amor, com que estavam familiarizados.

O homem devia ao longo dos séculos ser preparado para passar do estatuto de filho para o estuto do amante e de parceiro. O sonho de criação de Nammu só encontraria a sua plena realização quando esta mudança tivesse acontecido. Mas isso ainda iria demorar séculos. O ser masculino não estava tão elementar e profundamente enraizada com Nammu, a grande Mãe, porque a energia divina masculina estava mais em casa no universo, no espaço espiritual e imaterial. Por isso, o grau de encarnação do jovem rapaz em devir tinha de ser acompanhado ainda mais cuidadosa e abrangentemente do que acontecia com as suas irmãs, porque este era do sexo masculino, um sexo diferente do da Deusa criadora. Nammu sabia que por isso ele corria perigo de perder o centro interior, a sua energia elementar, ligada à Terra e servidora. Se este centro por alguma razão fosse abalado, então a sua forte energia transformar-se-ia em energia destruidora. Esse era o perigo a que todos os seres humanos estavam expostos. A tribo fazia tudo para proteger os jovens, seres em crescimento, deste perigo. Algures no nordeste da Europa já tinha acontecido uma desgraça semelhante, que um rapaz se queria virar contra Nammu. A antecessora de Bechet, sacerdotisa do oráculo, que tinha o mesmo nome, sonhara com isso há algumas décadas e tinha avisado persistentemente a tribo do perigo vindouro. Os anciãos da tribo sabiam disso. Sabiam também que o cromeleque fora originalmente erigido para os proteger de semelhantes perigos vindouros. Por isso aprofundavam as informações e as propostas que aqui faziam, para fortalecer cada vez mais a protecção e a energia que emanava de Nammu.

A Ligação com as Almas Animais

A Santidade dos Animais

Nos jovens despertava geralmente pouco antes do 14º ano de vida uma nova qualidade de consciência, que estava em ligação íntima com o reino das almas animais. Assim começava a abrir-se um novo círculo de consciência dos sentidos. Este grau de conhecimento fora cuidadosamente preparado. A criação sonhava um sonho especial de Adam Kadmon, a imagem primordial do homem e a sua concretização. No reino das almas animais, a maior parte do sonho encontrava-se ainda num estádio latente e esperava pela realização e libertação. Tratava-se do despertar das energias sensuais, do despertar da consciência oral e também genital, muito mais física e terrena do que fora ainda o anterior estádio infantil das plantas. Agora, os que se encontravam em crescimento ligavam-se em primeiro lugar com as almas dos animais e a sua energia. Eles sabiam como utilizar todas estas energias da alma para todas as suas capacidades. Com o contacto com as almas animais, encarnava e refinava-se um novo aspecto da sua própria alma. Tinham uma relação amorosa e sensual com os animais. Conheciam a brusca presença de todos os animais felinos, conheciam as energias da alma de ursos, répteis e outros seres vivos e apropriavam-se, através de uma sensação interior, das suas energias anímicas de consciência. Todos os animais eram sagrados para eles. Conheciam a energia curativa da serpente e sabiam que a serpente era a guardiã do conhecimento sexual. Entendiam os chamamentos de rãs e outros animais e sabiam que as suas comunicações eram mensagens da própria Mater. Como aprendiam a ligar-se com a essêcia interior dos animais, também não os ameçava qualquer perigo por parte do mundo animal. Os animais só se tornaram perigosos para os seres humanos, quando o medo entrou na Terra, entrando com ele uma separação da unidade da criação.

Além disso, todas as crianças ao longo do tempo ficavam a conhecer o seu animal correspondente, que os acompanharia em todos os seus caminhos através do mundo animal e lhes indicaria cada vez mais profundamente o caminho na sua própria forma humana. Os animais eram os protectores pessoais das crianças, embora mais tarde, estes procurassem também por sua vez a protecção e a ajuda das crianças. Assim completavam-se mutuamente todos os sonhos do ser individual. Os iniciados reconheciam o animal correspondente pois este entrava com veemência, aparecendo repetidamente, dando-se um encontro especialmente íntimo que trazia ao sonhador uma oferta. Na maior parte dos casos, era-lhes comunicado um nome de sonho particular. Os sonhadores tinham a missão de abraçar esse animal no sonho como sinal de reconhecimento. Quando isso acontecia, então a alma animal tinha ingressado por completo no corpo do jovem ser e, assim, estes estavam um grau completo mais próximo do domínio da capacidade de amar humana e sensual. Quem recebia uma baleia ou um golfinho como animal correspondente, era geralmente nomeado como mensageiro da tribo. Ele tinha a missão de proteger o conhecimento da cultura e de informar os países distantes. Muitas vezes, seres humanos eram procurados pelos golfinhos. Os golfinhos ajudavam-nos a desenvolver as suas características masculinas em ligação com a branda energia de Nammu e a não esquecer. Os insectos representavam geralmente o contacto com estrelas extra-terrestres. As abelhas eram consideradas, tal como os golfinhos, animais particularmente sagrados. Quando uma rapariga quase mulher tinha recebido uma rainha das abelhas como animal correspondente, então devia preparar-se na sua alma para algures na idade avançada tomar o estatuto dos anciãos da tribo. Outras abelhas representavam simplesmente o conhecimento social na tribo e o conhecimento da cura. A própria Nammu mostrava-se muitas vezes sob a forma de um sapo. Os fluídos especiais dos sapos eram colhidos e utilizados para conhecimentos especiais e para fins medicinais.

O auge da apropriação do conhecimento animal era a união sexual entre homem e mulher, para a qual os jovens eram aqui preparados. Da mesma forma que todos eram introduzidos neste estádio de desenvolvimento através do conhecimento dos golfinhos e das baleias, eram também despedidos através da presença de uma serpente. Sonhos com serpentes eram mensageiros de uma energia de transformação. Elas mostravam que o reino animal, na sua qualidade de conhecimento, tinha sido suficientemente adquirido e que agora dependia de encontrar a passagem para o próximo reino, o reino da sexualidade.

Ligada com isso estava também a cada vez mais cheia de energia e diferenciada polaridade em devir dos sexos. Era claro que que toda a vida terrena nascia da energia feminina. Também era claro que toda a vida humana no momento da morte regressaria em primeiro lugar a Nammu. Mas em vida o paraíso na Terra deveria revelar-se sempre numa opolência cada vez mais complexa em devir, polaridade e beleza. Da tensão da polaridade surgia a variedade abundante da vida e o erotismo. Da relação entre os sexos podiam e deviam nascer sempre novos rebentos de amor universal para a cultura humana. A polaridade dos sexos, cada vez mais complexa, significava para a vida que o princípio masculino se devia manifestar de forma cada vez mais forte e poderosa, como complemento e polo de igual peso ao feminino, também dentro da matéria. Já no reino das almas das plantas as crianças eram iniciadas de maneira diferente, consoante fossem rapazes ou raparigas. No reino das almas animais, a polaridade aumentava ainda mais e era instruída conscientemente. Crescentemente, os rapazes eram iniciados na imagem futura de um amante e companheiro para as mulheres. O sonho de ambos, o masculino e o feminino, tecia-se contrariamente a esta fonte primordial, como um sonho que exigia realização na existência material e que não tinha até agora ainda chegado à completa libertação. A realização do Eros era a finalidade da criação de Nammu, em que todos os seres humanos participavam. Mas isso só era possível na Terra e era essa a razão pela qual este sonho dos antepassados era tão amado e protegido.

Esta passagem extendia-se ao longo de meses, por vezes até mesmo durante um ano inteiro, sendo os sonhadores consecutivamente procurados pela serpente, até a mudança estar completa. Todos os que estavam em crescimento tinham de realizar esta passagem, que era representada através da serpente. Este grau de iniciação era o mais difícil de todos. Porque em ligação com a serpente, o sonho da criação devia ser desenvolvido e o ser humano preparado para uma encarnação, que ainda estava para vir. Através da iniciação na essência da sexualidade acontecia a completa apropriação e encarnação da energia humana. Por isso os jovens eram postos completamente à prova, antes de transitarem para o domínio seguinte. A serpente colocava-lhes grandes exigências. Cada um dos que estavam a entrar na maturidade iria eventualmente abraçar a serpente. Quem tinha a serpente como animal correspondente, era iniciado no domínio do conhecimento da medicina, que era acessível a ambos os sexos. As raparigas eram além disso iniciadas no domínio das sacerdotisas do templo. Esta formação só existia para mulheres. As futuras sacerdotisas do templo, que aqui prestavam o seu serviço, eram chamadas Mirjas.

A Mensagem dos Golfinhos

Uma pedra com cerca de dois metros de comprimento e redonda está deitada no chão à entrada do reino animal e parece estar ali desde tempos imemoriais. É a única grande pedra deitada neste domínio. Encontra-se ali como um guardião da entrada e destaca-se claramente das outras pedras. Quando me aproximei, dei-me imediatamente conta de que ela era a representante para as baleias e golfinhos. Com ouvidos apurados podia até ouvir os sons agudos, tal como estes emitiam.

Quando parei diante desta pedra para esperar por alguma mensagem, surgiu um fluxo completo de inspirações. *«Nós seremos os guardiões do conhecimento e transportá-los-emos através dos milénios, quando o núcleo da criação já tiver sido esquecido por muitos. Muitos de nós escolherão voluntariamente a morte. Queremos acordar os seres humanos e relembrá-los da nossa amizade e trabalho conjunto e da nossa verdadeira origem em comum. Certas localidades de oráculo serão nomeadas com o nosso nome. Quando os bens culturais de Nammu forem destruídos em várias localidades, iremos então transportá-los sobre os mares para lugares protegidos onde o nosso conhecimento cultural possa continuar a ser desenvolvido. Quando mais nenhuma vida estiver representada na nossa originalidade, ligada com o sentido da criação sobre a Terra, quando os seres humanos levarem a sua vida sob os domínios do medo, violência e dominação, quando se matarem mutuamente e se guerrearem, e quando se habituaram a mentir e a disfarçar-se, existirão ainda culturas isoladas que compreenderão a nossa linguagem, que continuarão incógnitos e indetectáveis na condução da verdadeira obra de criação, nas montanhas, na selva e nos mais diversos lugares da Terra. Chegará então um tempo no qual as pessoas se vão voltar para a reflexão do seu verdadeiro paraíso. Quando estas forem atingidas pelos nossos tons no seu coração, lembrar-se-*

ão então de que no espaço existencial original não havia medo. Serão tocadas pela serenidade divina que nos rodeia. E vão cuidadosamente estender de novo os seus tentáculos telepáticos, pedindo a nossa ajuda. Na medida em que deixarem de mentir, também tornarão a compreender a capacidade original de comunicação telepática. Lembrar-se-ão da responsabilidade que carregam pela totalidade da criação e do conhecimento e como poderão ser justos com esta responsabilidade. Compreenderão de que modo se constroem espaços de protecção espirituais. Esse acesso encontram-no através da música e através das melhores tecnologias de luz. Irão desenvolver novas estruturas sociais da vida comunitária que correspondem de novo à forma de existência universal. Vão-se fazer sentir na nossa vida entre os mares, que nessa altura irão estar bastante ameaçados. Irão fazer com que o chamamento de Nammu torne a ser ouvido e as pessoas voltem a abrir-se para a protecção e cuidado por tudo o que vive. Assim iremos apoiar-nos e proteger-nos mutuamente. Através disso, pode ser de novo continuado e desenvolvido o parentesco original. Nós protegemos este conhecimento sob as águas através dos milénios. Um portador de comunicação essencial para a vida humana é a água. Uma grande parte da nova criação nascerá da água. Não devem esquecer-se disto, porque aí reside uma grande liberdade e fonte informação.»

Baleias e golfinhos eram consideradas especialmente sagradas dentro da tribo. Serviam para a aprendizagem e reforço de capacidades telepáticas. Estes eram utilizados como mensageiros e seres de contacto, que ligavam o conhecimento das tribos espalhadas pelos diversos continentes. Quando me dirigi ao conselho de anciãos, para a partir daí olhar para o reino dos animais e dos sentidos, vi diante de mim uma aula na escola do oráculo da tribo. Bechet falava às crianças da mitologia dos antepassados. Falava sobre o início da criação, do sonho original de Nammu e dos antepassados. «*Quando Adam Kadmon encarnou na Terra, para realizar o seu sonho completo, dividiu-se em dois reinos, o reino sobre as águas e o reino sob das águas. Os antepassados fizeram isso para facilitarem o seu trabalho. Como guardiões da Terra, representamos o aspecto sobre os mares. Escolhemos a forma humana e viemos dos antepassados, que protegem o reino sobre a Terra e são responsáveis por esta. Iremos, ao longo dos milénios, criar e acompanhar diversas culturas. Ressurgiremos em todas estas como guardiões da paz. As primeiras culturas agrícolas que estão já a surgir, são formas de cultura que facilmente levam à alienação e que por isso precisam de protectores de paz atentos. Ao longo do tempo, obras de arte e obras escritas serão desenvolvidas. Com as suas mãos e com o seu espírito, o ser humano deixará muitos sinais e realizará sempre novas obras de criação. Debaixo da Terra, no reino da água, as baleias e os golfinhos continuarão a desenvolver o sonho de criação de Nammu. Aqui revelar-se-á o aspecto de Nun, a Deusa da água e dos mares. Estes não deixarão quaisquer sinais. Tudo o que deixarão formado para o ser humano é o domínio da comunicação, que se tornará cada vez mais minuciosa, e a formação social. Numa época em que os seres humanos quase esquecerão a criação primordial e a vida paradisíaca, poderão voltar a recordá-la com a ajuda dos golfinhos e das baleias, desde que sensibilizem os seus órgãos de percepção e capacidade de recepção para diversas frequências neste sentido. Além das baleias e dos golfinhos o peixe é um veículo especial, e guardião, de conhecimento. Este transporta o aspecto embrional da nova criação debaixo da águas. Através do peixe, será levado e transmitido um novo sonho de criação de Nammu. Silenciosa e discretamente, ele prepara um novo conhecimento cultural e irá trazê-lo à superfície assim que chegue a altura certa para isso. Certas culturas carregam o seu sinal. Chegará uma época que será nomeada segundo ele. Este será um tempo em que as estruturas de violência e destruição estarão já extensamente difundidas. Este tempo trará consigo a hora de nascimento do amante da Deusa. Depois, o conhecimento milenar durante tanto tempo banido, será novamente levado em linguagem a todo o mundo, renascendo. No entanto, muitos não compreenderão a sua voz. Escutarão apenas a mensagem divina masculina, não reencontrando a voz da sabedoria, do amor e da Deusa. Vão falsificar a sua voz e desenvolver a partir daí uma religião de poder e opressão. E, apesar de tudo, será nesta altura depositada uma nova semente e concretizado um novo nível de Nammu. Quem traz o sinal do peixe, traz o sinal de um guardião da paz.»*

Quando os membros da tribo seguiam as mensagens mediúnicas, entravam então no centro espiritual de Nammu. Aqui aprendiam mais sobre a essência da mitologia e acerca da energia concretizadora de sinais e formas mitológicas, que estão para além do tempo. No centro da mitologia estava o segredo da criação. Aprendiam a música e o alegre jogo dos golfinhos e com isso apropriavam-se de uma parte importante da sua própria alma. Isto porque cada ser humano traz também em si o aspecto da criação das almas existentes sob as águas. Ninguém tinha reunido em si este conhecimento, tão vasto e complexo, como o golfinho e a baleia. No reino das baleias e golfinhos, podiam também estudar como se construía uma forma social pacífica e como a essência da alegria sensual podia trazer coesão a uma tribo inteira. Os golfinhos eram amantes muito vivos e diversificados. A vida sexual impregnava toda a sua cultura tribal.

Os Guardiões do Limiar
do Templo do Amor

As Pedras do Casal, a Auditora e o Mestre do Som

A serpente era a guardiã do domínio do amor sensual. Três sacerdotisas guardavam o portão e a entrada neste domínio, representando os três aspectos da Deusa – a jovem, a mãe e a velha sábia. Os jovens estavam preparados e sabiam que através da iniciação sexual começava a tensão espiritual das energias polares, a percepção da diferença e a complementaridade dos sexos. Aqui as raparigas e os rapazes eram iniciados na sexualidade. Neles, estava oculto todo o segredo do conhecimento da criação material.

Entre o domínio dos jovens, dos animais e o domínio do conhecimento dos mistérios sexuais, vi uma pequena pedra que parecia estar a caminho do templo do amor. «Quem és tu?» perguntei curiosa, para compreender mais acerca da transição entre estes dois domínios. «*Eu sou aquele que é continuamente mandado embora. Eu sou aquele que está perante a iniciação e ainda tem algo para resolver. A serpente ainda não me abraçou, pois ela adverte-me contra a grande impaciência. Ainda tenho de aprender acerca da essência da energia que vem da tranquilidade. Ela disse-me que eu queria passar por cima de algo no meu desenvolvimento, que ainda tenho de experienciar. Estou agora a tentar descobri-lo. Devido a ter-me deixado apanhar pela impaciência, preciso de mais tempo do que alguns dos meus amigos. Caí no encanto de uma rapariga que me distraiu de mim. Por isso tentava compreender certas coisas rapidamente, de forma demasiado precipitada. Os sábios avisam-nos acerca da doença da impaciência da alma, pois esta é a causa de uma grande deficiência no desenvolvimento espiritual. Para perceber mais sobre esse segredo, sou enviado sempre de novo para Massawa, a auditora da nossa tribo.»*

Esta indicou-me uma pedra pequena e redonda, que parecia grossa e muito compacta. Não tinha a energia resplandecente de uma criança, mas agia antes como uma energia muito sábia e tranquilizadora. Parecia ter uma função importante e sustentadora no interior da tribo e estava por isso num lugar importante. «E quem és tu?» perguntei. «*Sou a energia que oferece a cura através da audição. Absorvo tudo e sei como transmitir. Certos membros da tribo, vivem esta qualidade da vida por alguns anos. Esta oferece um grande conhecimento e uma grande energia curativa, quando praticada com consciência. Ofereço àqueles que vêm ter comigo, conhecimento através da mera presença e do permanecer no presente. No meu cargo, falo pouco e oiço muito. Sei como guardar um segredo, até que chegue a altura de o contar. Transmito também esta qualidade àqueles que vêm até mim. Sou de confiança e sigiloso. Os segredos que guardo, guardo-os não para os ocultar dos membros da tribo, mas antes para velar para que cheguem na altura certa à luz do dia. Cada segredo tem uma hora certa para ser revelado. Muitas energias latentes da vida têm primeiro de amadurecer em repouso».* Uma pedra vizinha, que estava também no interior do círculo, indicou-me «*Este é o meu arquétipo polar da complementaridade. Quando sou uma mulher, ele é um homem e quando sou um homem, ela é então uma mulher. Nós construímos a balança, o equilíbrio entre os sexos. Preocupamo-nos com que a recepção e a entrega de informação tenham um equilíbrio correcto. Ambas as energias são elementares e necessárias para servir Nammu e ambas têm de ser levadas ao desenvolvimento no interior de cada pessoa. Se uma das duas energias se desenvolve desigualmente, então toda a vida social entra em desiquilíbrio. Aqui reside uma causa principal para a luta entre os sexos, que se difundirá ao longo dos próximos milénios por algumas regiões da Terra.»*

Desloquei-me até à pedra vizinha que parecia leve, iluminada, vazia e móvel. «*Eu sou o Mestre do Som*», disse-me ela, «*ensino a comunicação e a expressão artística. Aqui os jovens aprendem a formação da linguagem. Aqui aprendem a exprimir e a dar forma aos seus sonhos e desejos em cantigas, em poemas e em linguagem. Linguagem e som, são aqui igualmente importantes. Além da telepatia, são estas as nossas duas formas de comunicação e de expressão artísticas. Quem me escutar, ouvirá muitas canções, poemas e histórias acerca da vida amorosa dos seres humanos, acerca do desenvolvimento evolutivo através dos milénios. Mas em primeiro lugar, os membros da tribo aprendem comigo a expressar artisticamente o seu próprio sonho. Eu não poderia existir sem a pedra de audição e ela não poderia também existir sem mim. Somos um casal arquétipico que se encontrou. Oferecemos um exemplo de dependência voluntária e artística, que é criativa e que planeia a vida através de si mesma. Através de nós, os jovens podem aprender que a fidelidade universal nasce no amor, apenas na medida em que cada um reconhece a sua tarefa e a desempenhe em mútua complementaridade. Tal como o Sol e a Lua se complementam, complementamo-nos também nós no nosso caminho, sendo esta uma base essencial para a duração do amor pessoal. Através de nós, a história da cultura encontra o seu cunho artístico. Exprimimos a sabedoria da vida em muitos tons e imagens mitológicas. Quem as decifra, decifra também os próprios segredos e leis da vida.*»
Após a saudação destas duas pedras, sentia-me de coração leve e feliz. O que mais gostaria de ter feito era dançar. O meu coração abriu-se e comecei a cantar. Bati ritmicamente na pedra e esta soava, de facto, como se fosse um corpo acústico oco por dentro.
 Ao continuar o caminho para o interior dos desejos e da serpente, chamaram-me ainda duas pedras, a que até agora eu não prestara qualquer atenção. Sempre que me queria

dirigir para as três sacerdotisas da serpente, era então enviada mais uma vez para estas duas. Revelou-se que elas representavam algo como as pedras dos pais. Simbolizavam a duração do amor num outro nível pessoal, o Eros na ancianidade, guardando conscientemente o portão, a entrada no paraíso das serpentes. Quem quisesse apenas passar por elas, era enviado de volta. «*Não existe caminho que não passe por nós. Representamos simbolicamente a energia geradora e procriadora da nova vida. Representamos também simbolicamente o sonho da parceria, que todos os seres sonham. Representamos o Eros até à idade avançada. Representamos a duração do amor que está em posição de se mover livremente através do rio universal do Eros e de também nele reconhecer e realizar a fidelidade no coração. Além do 'flirt' e dos jogos, além dos encontros divinos universais, que são únicos, além da sexualidade como serviço à Deusa, a par das grandes 'químicas' com raparigas, existem também as relações duradouras e responsáveis, que querem ser concretizadas.*

Existem parcerias universais que se encontram e querem concretizar a sua missão universal conjunta. Quem quer entrar no domínio do conhecimento e da vida sexual, necessita da nossa autorização. Conscienciosamente, examinamos quando os jovens estão aptos a poderem passar a porta para o reino interior dos sentidos. Connosco irão exercitar-se na arte do atrito, pois irão contradizer-nos, vão querer convencer-nos de que a serpente os chamou. E é bom que assim seja. Eles devem exercitar-se na arte da contradição sagaz. Quando nisto se tornarem fortes, claros e autênticos, quando não se permitirem qualquer procedimento furtivo ou silêncioso, quando nesse dia não colocarem qualquer falsa submissão para através disso nos convencerem, então poderão passar o portão. Sinceridade, firmeza e clareza, são exigidas no reino dos sentidos.»

Fui novamente para o interior do círculo para observar à distância aquilo que num curto espaço de tempo tinha visto, na mudança do domínio dos animais e dos adolescentes, para o domínio da sexualidade e da serpente. As pedras encontravam-se à minha frente como grandes esculturas. Então, parei subitamente. Olhei para a terra e vi como à minha frente uma pequena cobra serpenteava através do círculo. Numa rapidez fulminante percorreu vários metros, desaparecendo para o *templo de Eros*. Entendi isso como um sinal de que chegara agora o momento certo de entrar eu própria no templo do amor.

Doutrinações no Amor Sensual

Quando cheguei ao domínio do amor no cromeleque, para o investigar, senti que tinha aqui acontecido alguma lesão. Isso era facilmente visível, porque uma das pedras tinha caído. Mas esse não era o único motivo. Sempre que vinha a este domínio, sentia que aqui havia também tristeza e dor como informação na memória das pedras. Acontecera algo que tinha aberto o cromeleque na sua rede de energia e o tinha lesado, que não fora pensado dentro do padrão de informação original. Sentia isso também claramente como uma dor na coluna. Esta era uma zona muito sensível no meu corpo, que se apercebia de lesões históricas. «*Tenta em primeiro lugar seguir as imagens que estão por detrás da dor. Na origem da dor encontras também a energia para a cura. Tenta penetrar na memória positiva e ver as imagens que existiam antes da lesão. Então, será fácil ver aquilo que aconteceu*», ouvi a pedra sacerdotisa dizer, reclinada na qual tudo contemplava. «*Tens de reencontrar a tua memória positiva, que reside antes da dor, antes do medo e da violência.*»

Mergulhei profundamente no mundo das sacerdotisas do amor, que me resplandecia a partir destas pedras. Vi Tamara, Newar e Vatsala. Segui em primeiro lugar as imagens de Tamara, com o nome da qual a palmeira tinha sido baptizada. Podemos ainda actualmente encontrar Newar como Deusa no Nepal. Aqui, vive um povo que ainda hoje visita e venera as pedras como seus antepassados. Vatsala é também, até ao presente, venerada como divindade feminina na Índia. Encontrei todas estas informações mais tarde, quando investigava o significado dos respectivos nomes e tentava descobrir em livros sobre a pré-história mais acerca de possíveis provas da realidade das minhas histórias de sonhos.

Vi Tamara nas proximidades, a cerca de 15 km a noroeste do cromeleque, num lugar que servia especialmente como ponto de encontro para mulheres. Via o modo como enrolavam serpentes reais à volta do corpo e como as suas ancas balouçavam, ao ritmo de mulheres com tambores. Tamara ensinava as mulheres a escutar a voz do seu próprio corpo. Mostrava-lhes como se podia sentir uma esfera de luz energética no interior do ventre e como conseguir manter sempre essa esfera no centro, ao se aproximarem dos homens eróticamente. Repetidamente, Tamara advertia: «*É importante que sintam e conheçam esta esfera. Ela mostra-vos quando é a altura para a realização. Se perderem a sua percepção, a sexualidade cairá então do seu centro, conduzindo-vos à ânsia, necessidade e extravagância. Esta deixará de estar ligada com o amor universal e curador de Nammu, que é importante na realização de todos os nossos desejos.*»

Só meninas e raparigas estavam aqui reunidas. Aqui, deviam aprender e experienciar tudo o que era importante, antes de se encontrarem com os rapazes no local do amor e da serpente. Também os homens recebiam uma orientação própria. Chamavam a esta parte do cromeleque, o domínio da mulher serpente. «*Todos nós servimos a Nammu, à criação, não se esqueçam. Os amantes que deixarem entrar no vosso templo do amor, devem crescer em vós e tornar-se belos e afectuosos. Serão mais fortes em energia física, mas não em conhecimento erótico. Aqui aprenderão e terão de aprender com vocês, para que o sonho do homem maduro se possa realizar. Os homens encarnaram como homens para aprender o amor sensual de Nammu e para o levar à realização. Vocês são mandatárias de Nammu. Nunca o esqueçam. Aqui, Nammu depende da nossa memória feminina e da nossa clareza. Só nós mulheres podemos introduzir e consolidar os homens mais profundamente no interior da Terra, porque somos semelhantes à criadora primordial e podemos por isso compreendê-la mais facilmente.*»

À medida que falava, fazia pausas frequentemente e prosseguia os movimentos de dança, que deviam captar a energia sagrada da esfera sexual e da serpente. Por vezes, via-se muito nitidamente como a energia divina entrava nela, como já não era ela que movia o corpo em esquemas de passos preparados e claramente delimitados, mas como todo o seu corpo era movido por uma energia mágica. Como serpentes, os seus braços esticavam-se para cima e esta rodava agilmente as suas ancas em rápidos movimentos. A energia estava então no centro do seu ventre e Tamara proferia profundos sons gorgorejantes que faziam rir todas as raparigas que se sentavam à sua volta. «*Esta é a energia libertadora da Mãe primordial que habita no ventre*», disse ela a rir. «*Existirão tempos em que terão de ter muita paciência com os homens. Não se esqueçam que eles têm primeiro de aprender o amor sensual e que só um ser feminino lhes pode mostrar o que Nammu ama ou não ama em nós.*» Esta imitava agora os movimentos do falo de um corpo masculino, como se ergue e depois torna a baixar, como se aproxima de um corpo feminino, como tenta penetrar nele. «*Existirão tempos, em que embora tenham a esfera luminosa em vós e esta esteja cheia de energia vital sexual, o homem não vos conseguirá penetrar de imediato até ao centro, nem fazer a vossa esfera luminosa dançar. Ainda assim, não é bom que o vosso centro energético permaneça demasiado tempo intocado, porque pode então acontecer que demasiado desejo, com consequente tristeza, preencha o vosso corpo. Quando o vosso amante deixar de tocar o vosso centro sagrado, quando vocês, demasiadas vezes e por muito tempo tiverem de esperar a suave corrente de Nun no centro dos vossos ventres, então peçam ajuda à energia da serpente. Muitas vezes é bom utilizar a dança da serpente, ela preenche o vosso corpo e aquece todos os centros. Então sentirão como Nammu chega até vós. Chamem o peixe. Ele oferecer-vos-á a visão de um falo cheio de vida, a visão do vosso futuro amante, que já conhece o segredo do amor sensual. Embalem-*

no secretamente e dissimuladamente no vosso corpo, até ele tocar a Mãe primordial no vosso ventre. Esta vai-vos libertar e preencher com uma profunda e conhecedora jovialidade que habita no centro do ventre.»

De novo ondulava o seu ventre à luz do sol, proferindo de novo profundos sons gorgoleantes, fazendo as raparigas desatarem-se a rir. *«O peixe guarda o conhecimento sensual em vós e trá-lo-á em linguagem, quando a altura certa chegar. Através de demasiada conversa, nas partes em que ainda se sentem inseguras, afastam o conhecimento e a esfera luminosa em vós. Quando chamarem o peixe, a energia permanecerá em vós. E esta terá um efeito curativo sobre o ser humano. Isso sentir-se-á no seu falo e irá fazê-lo aproximar-se do vosso segredo um pouco mais. Liguem-se às virtudes sensuais que têm relativamente aos homens, ofereçam-lhes atenciosamente o vosso tempo e o vosso conhecimento. Os homens oferecem-vos em troca a energia de crescimento dos seus espíritos luminosos, a sua própria forma de pensar, que irão continuar sempre a desenvolver e a sua energia física. Eles verão em vós a Deusa e amá-la-ão acima de tudo. Mas não se esqueçam que vocês são mandatárias da Deusa. Irá amadurecer em vós um grande sonho de amor de parceria, que por vezes vos quererá seduzir, querendo ligar pessoalmente um homem a vocês. Esse seria um erro fatal, que traria grande infelicidade sobre os homens. Porque através de vocês todas deve concretizar-se a totalidade da criação, nenhuma pessoa em toda a Terra encontrará auto-realização sem que Nammu se realize e Nammu realiza-se em tudo, não só em vós.»*

Atentas, as raparigas escutavam. Já todas conheciam o sonho da serpente. Tinham visto imagens do amor paradisíaco e nelas ardia já o fogo do desejo e do amor erótico. Para muitas delas – as mais novas tinham cerca de 15 anos de idade –, estaria para breve a primeira vez que acolheriam um homem sexualmente. Todas queriam até essa altura ter exercitado e aprendido a dança da serpente, para que o fogo radiante da energia sensual pudesse arder permanentemente nelas. «*Guardai o sonho da serpente, essa é a missão de todas as mulheres e muito especialmente das guardiãs da serpente e da energia curativa. Da próxima vez, algumas de vós irão receber o soro da serpente. Isso abre-vos um conhecimento novo e mais aprofundado do paraíso. O paraíso da sensualidade só poderá permanecer conservado enquanto as mulheres dividirem a solidariedade e amizade entre si e enquanto não se deixarem envenenar pelo espinho da inveja e do ciúme. Irão ficar a sabê-lo através do soro da serpente. Mas antes disso têm de aprender a arte das palavras e das canções de amor, porque a serpente exige imediata expressão e transformação directa da sua elevada força energética.*»

Começou de novo a dançar e a cantar uma canção de amor comovente. A serpente, que anteriormente tinha enrolada à volta do corpo, contorcia-se agora no chão e serpenteava para as diversas raparigas que a recebiam alegremente. Nenhum rasto de medo se lia nos seus rostos, todas tinham esperança e esperavam fascinadas que a serpente também fosse ter com elas.

Além de toda a beleza, jovialidade e alegria sensual, soava já também uma nota de tristeza. Tamara parecia já saber que uma dor de amor sobreviria aos seres humanos, que surgiriam grandes equívocos entre os sexos e que esse erro parecia inevitável. Ela também não o ocultou. Mais importante para ela, era transmitir todo o conhecimento que tinha, tão conscienciosamente quanto possível, para que o sonho do paraíso pudesse amadurecer. Após ter falado, conduziu todas as raparigas para o meio, para poderem exercitar, contorcer e mexer o próprio corpo ao som da música da serpente e sentir o fortalecer da esfera de luz interior no corpo.

Algumas pareciam verdadeiros talentos naturais. A sua beleza era tão espantosa que qualquer homem teria dificuldade em não ficar completamente arrebatado pela sua energia de sedução sexual. Outras eram menos ágeis e tinham mais dificuldade com o círculo das ancas e do ventre. Umas moviam-se que nem bolas de borracha sobre a terra, contorciam-se como se uma serpente tivesse pessoalmente passado por elas, ao passo que outras pareciam um pouco mais lentas e indolentes. «*Guardai-vos da comparação*», disse Tamara, enquanto ela própria agora algo lenta e indolente, entrava no meio. Andava à roda com os olhos e imitava os movimentos ansiosos de uma rapariga, que olhava invejosa para a energia da serpente de uma rapariga da serpente dotada. «*Vejam como a esfera luminosa vos abandona imediatamente.*» Lançou uma bola de energia pelos ares que se movia rodopiante exactamente sobre a rapariga, que ela tinha, imitando a inveja, arregalado os olhos. «*Agora descarreguei a minha energia e com isso o meu poder. A rapariga da serpente está agora farta. Demasiados homens querem agora ir ter com ela e isso não a vai tornar mais feliz. Sois todas corresponsáveis para que a energia da serpente permaneça equilibrada. Nem muito, nem pouco serve a Nammu. Cada uma tem suficiente energia da serpente em si própria para alcançar a auto-realização. Esta expressa-se de maneira diferente em cada pessoa. Só podem senti-la no vosso próprio centro e esta só chegará até vós quando lá permanecerem. O conhecimento sexual chegará apenas através da experiência do próprio âmago. Uma mulher urso dançará de um modo diferente e sentirá a esfera de energia de um modo diferente de uma mulher peixe. Esta atrairá também outros homens para celebrar a festa com Nammu.*

Por vezes sentirão a esfera de energia em primeiro lugar nas vossas mãos. Então, sigam-na. Às vezes, está nas orelhas – então têm de escutar algo. Às vezes vai directamente para o vosso baixo ventre e metamorfoseia-se ali em Marici, a energia divina do porco. O porco incorpora um aspecto sexual especial e superior de Nammu. Nesta forma, esta gosta da sexualidade absolutamente directa e imediata. Então têm de ter especial atenção à esfera luminosa, porque esta irá querer conduzir-vos directamente à cama de um homem, sem que tenham trocado anteriormente muitas palavras com ele. Então é especialmente importante preservar a esfera luminosa no centro interior. Existem variadíssimas maneiras diferentes da mulher serpente vos aparecer e de vos habitar. Quando estiverem ligadas com esta esfera, terão sempre uma energia intensa. Apesar de sentirem ânsia e desejo, nunca estarão necessitadas. Tristeza ou desilusão nunca ultrapassarão a sua medida. Quando isso acontece, então é um sinal de que abandonaram o vosso centro da serpente. Devem então regressar rapidamente. Existem a nordeste daqui, na parte mais fria da Europa, povos nos quais as mulheres já se entregaram à comparação. Bechet recebeu esta informação num sonho de oráculo. É abominável quando entregamos a nossa esfera de energia, até ao ponto de já não a conseguirmos reaver com a nossa própria energia. As pessoas chamam às consequências disso vício, dependência, inveja, ressentimento ou ciúme, porque esta doença se infiltra então rapidamente, quando se procurou com muito ardor e por isso se negligenciou a energia da tranquilidade. Subitamente, já não se tem paz consigo mesmo. Como essa doença já existe realmente, temos de estar particularmente alerta. Num caso grave real, quando estiverem fora e encontrarem uma pessoa que padeça desta doença, o soro da serpente ajudará. Esta bebida cura de imediato, porque volta a ligar as pessoas com o seu próprio sonho do paraíso. Só quando uma pessoa cair completamente do seu centro, quando o cordão umbilical que a liga à esfera luminosa estiver cortado, o soro funciona como veneno e pode ter até um efeito mortal. Mas, em primeiro lugar, conheçam os meios espirituais da protecção, porque a energia curativa mais importante está sempre no conhecimento.»

Conhecimento e sexualidade eram a mesma coisa na sua língua. O que Tamara disse necessitava apenas de poucas palavras, porque esta em grande parte falava com imagens e movimentos. Toda a conversa era sustentada por movimentos. Não existia nenhuma linguagem que não fosse acompanhada pelo corpo. Agora batia firme com ambas as pernas sobre a Terra, de forma lenta e cómoda, e o seu bater ouvia-se como a pulsação de Nammu. Depois tornou-se cada vez mais rápida, mais suave e ágil. «*Isto liga-vos à Terra. Podem sentir um cordão umbilical cósmico que vos liga com o Sol no interior da Terra. Ele leva-vos ao interior da eterna ligação com Nammu e liga-vos à Terra. Simultaneamente abre-se o coração, o vosso segundo centro solar, através do qual também pode penetrar em vós a energia resplandecente cósmica de Nammu. Ela irá trazer a energia masculina divina para mais perto do nosso globo terrestre e irá facilitar aos homens, que têm a sua pátria espiritual na região solar universal, encontrar na Terra o seu lar. O seu centro da pátria universal está na zona da cabeça, no chacra da coroa, por isso vão-se concentrar especialmente bem na matemática, na astronomia e em muitas outras áreas do pensamento. Têm de apoiá-los para que a sua energia se consolide em Nammu e no seu centro do coração. Quando isto é alcançado, então é concretizado um sonho de vida cósmico de todos nós. Então acontecerá o nascimento do amante e parceiro divino de Nammu.*»

A Iniciação dos Rapazes no Mundo do Erotismo

Newar, uma das três sacerdotisas do oráculo da tribo dava, ao mesmo tempo, uma lição aos rapazes. Foi-me possível também presenciar ali, através da concentração mediúnica, uma lição.

Vi os jovens reunirem-se à volta de Newar, movendo-se ritmicamente e dirigindo-se um a um para o meio do círculo. Praticavam a arte da linguagem e tinham como exercício exprimir o seu desejo de amor às raparigas. *«Ponham energia nas vossas palavras. Tornem sensível nas vossas células o que desejam e querem. Através da palavra mágica conduzam a energia da arte do amor para todas as células do vosso corpo. Isso apela ao espírito da sensualidade»*, instruiu-os Newar.

Chamou-lhes especialmente a atenção para um dos seus centros energéticos. Este localizava-se num ponto diferente do das mulheres, a cerca de três dedos abaixo do umbigo, e era mais pequeno e denso. *«Estejam atentos para que este ponto se sinta forte e suave ao mesmo tempo»*, aconselhou Newar. *«Sintam como a partir deste centro estão ligados quer a Nammu, quer fisicamente à mulher por um cordão umbilical energético. Sintam como a partir dele delicadas linhas energéticas actuam sobre o vosso falo. Confiem nelas e aprendam a escutá-las».* Pacientemente, concentrando toda a sua atenção na iniciação, instruiu cada um na arte da linguagem e da aproximação adequada. Com muito humor mostrou-lhes onde, quando e como uma mulher gosta de ser tocada e onde não gosta, ou ainda o tipo de linguagem que abre o coração e o corpo das mulheres. A chave do sucesso dependia sempre do iniciado estar autenticamente ligado ao seu próprio centro energético, pois, ele estava também em contacto com as suas energias auxiliares. *«Não se questionem com que olhos a mulher vos vai olhar e se irão ou não ser bem sucedidos. Permaneçam junto à voz dos vossos corações e desejos. A longo prazo, este é o caminho para o vosso sucesso e realização pessoal ainda que, por vezes temporariamente, não pareça. O que repele as mulheres é quando vocês pretendem passar por aquilo que não são, ou tentam aparentar possuir um poder que ainda não adquiriram. Se ela for uma Mirja verdadeira e competente, uma futura sacerdotisa do templo, irá mais cedo ou mais tarde reconhecer quem sois verdadeiramente.»*

Com particular paciência e concentração dirigiu a atenção dos rapazes para o chacra do coração. *«É neste ponto que se irá consolidar a vossa espiritualidade e sensualidade. A sexualidade vai instaurar-se aqui bem como toda a energia do conhecimento. A abertura sexual do coração é uma finalidade essencial na realização histórica do homem. Quando isso sucede, pode dar-se início tanto à celebração festiva da união sensual com Nammu como ao sonho do paraíso de Nammu com todos os seres em todo o seu esplendor. Inicia-se uma nova era do amante e da parceria. Mas exercitem-se na paciência. Primeiro, o corpo e a alma de um jovem têm de atingir a maturidade. Oiçam a voz do vosso centro energético e as reacções no vosso falo. Ambos irão mostrar-vos o caminho correcto. Existem várias maneiras de se aproximarem de uma mulher. Devem experienciar e conhecer, tanto quanto possível, várias formas de aproximação. O puro desejo sexual, irá crescer cada vez mais no decurso dos próximos anos. Sigam atentamente o seu percurso sem esquecer que são servos e amantes das mulheres. O vosso desejo erótico irá mostrar-vos o caminho. Permaneçam sempre ligados ao vosso centro energético. Permaneçam junto à energia e orientação interiores e tentem não deixar nada para trás. O vosso sonho de amor é grande e pode levar-vos facilmente à impaciência. Não se trata de uma realização imediata, mas sim de contacto e percepção. A realização só será alcançada se não deixarem ficar nada para trás. Este é o grande desafio. Existem ainda, a par do puro desejo sexual que é consagrado ao serviço da Deusa universal, outras formas de aproximação. Estas não devem ser confundidas. Nammu é sensual na sua essência. Por isso, tudo o que vive na Terra é também de natureza sensual. Se permanecerem completamente despertos nas vossas actividades e ligados à vossa energia sexual, ser-vos-ão revelados muitos conhecimentos acerca das ligações internas da matéria. Irão compreendê-las na sua essência interior».*

Newar ergueu-se graciosamente e começou a mover-se no círculo. Era uma mulher com a sensualidade à flor da pele, de formas opulentas mas graciosas. Foi ao círculo buscar um Schamanu, um dos servos do amor que, desde há alguns anos, servia no templo do amor. Juntos deram início a uma dança sensual. Em primeiro lugar, começou com o jogo da sedução e da aproximação. Se ele era demasiado rápido, ela rejeitava-o. A seguir, tornava a aproximar-se com as suas sumptuosas curvas. Juntos simulavam os movimentos da cópula. Mostrava-lhe as nádegas e segurava os seus próprios seios opulentos, oferecendo-os ao rapaz. Depois tornou a deter-se. «*Há uma forma de sexualidade cujo efeito é perturbador sobre os homens porque actua directamente a um nível celular. Neste nível, actua toda a energia elementar da criação e da recepção de Nammu, atraindo-vos com o seu encanto. Como não têm a mesma essência que ela, esta pode até, em parte, parecer-vos ameaçadora. As mulheres parecer-vos-ão omnipotentes. Um desejo dilacerante e indefinido apoderar-se-á de vós. Por um lado, sentir-se-ão atraídos e, por outro, impelidos a fugir. Frequentemente, durante a noite, serão despertados por sonhos sexuais. Sonharão com Nammu a querer devorar-vos. Ou poderão mesmo sonhar com os órgãos internos das mulheres. Por vezes, irão sentir-se possuídos por algo a que se poderia chamar de febre da caça sexual. Pode mesmo suceder, desde que o sonho do paraíso esteja em perigo, que o instinto de conquista, de poder e até mesmo o instinto de matar, se misturem com o fogo sexual. Por isso, estejam atentos. De preferência gostariam de tocar directamente o interior das mulheres. Isso é algo orgânico e saudável. É o impulso do conhecimento físico da própria sexualidade. Permaneçam com a Deusa e com a confiança e deixem-se guiar por ela. O aspecto devorador só é ameaçador enquanto vos for algo desconhecido. Faz também parte do despertar sexual o aspecto da morte em Nammu. Por detrás de tudo actua o amor universal e sexual de Nammu. Ela conhece melhor o caminho do conhecimento e guiar-vos-á.*

Ao lado do puro instinto sexual, vai-se sentir cada vez mais o sonho do amor pessoal. Este reveste-se de um carácter mais íntimo e delicado. O desejo sensual por uma mulher guiar-vos-á. Sigam também, cuidadosamente, este sonho. Ele vai ajudar-vos a abrir o chacra do coração e a preparar a verdadeira parceria entre um homem e uma mulher. Este sonho universal irá ajudar-vos a olhar e a compreender o mundo sob a luz do amor. Como irão sentir-se, muitas vezes, um pouco inferiores no contacto com o desejo sexual feminino, pode acontecer quererem conquistar uma mulher à força. Não sigam por este caminho. Ele separar-vos-á de Nammu e levar-vos-á à perdição. Nunca se poderá possuir uma pessoa. A única coisa que têm de aprender é a confiar em Nammu e a não se renderem à impaciência. Nessa altura, o completo despertar sexual poderá surgir no momento adequado. Serão assim guiados também para a vossa parceira de vida, quando isso estiver previsto no vosso sonho de criação. O sonho do amor pessoal só se realiza quando já conhecerem relativamente bem o corpo e a alma da mulher. Para que isso suceda plenamente, protejam o cordão umbilical espiritual que vos liga a Nammu. Exercitem-se na arte da aproximação e na estabilidade física que impede a violência. Não se esqueçam que todos juntos temos um papel a cumprir na concretização do grande sonho de um paraíso.

Todos os homens têm energia sexual mais do que suficiente. Se "falharem" uma vez ,é porque não escutaram as indicações de Nammu no leito de uma mulher. Todos os homens "conseguem", desde que permaneçam ligados à voz de

Nammu e ao seu guia interior. Muitas vezes, ela guiar-vos-á por caminhos inesperados. A única solução é permanecerem em contacto com o vosso guia interior. É para isso que existe o templo do amor onde poderão sempre exercitar-se. As nossas sacerdotisas do templo indicar-vos-ão o caminho da arte do amor.

Quando estiverem pela primeira vez com a mulher dos vossos desejos, poderá suceder que não consigam reter o vosso sémen durante muito tempo. Esta é a consequência da vossa grande excitação. Tal situação deve-se ao facto de, durante o próprio acto sexual, ser algo ainda novo para vocês a ligação com a esfera de energia. Com o tempo irão aprender a proteger e a reter o vosso sémen. É benéfico não oferecerem o vosso sémen demasiadas vezes, pois estarão assim a gastar a vossa energia vital e de criação. Quanto mais aprenderem a controlar e a reter essa energia, mais profundamente poderão conhecer sexualmente uma mulher, vendo-a como uma representante de Nammu. Um Schamanu, servidor do amor no templo, aprende a controlar conscientemente este fenómeno».

A iniciação na arte da aproximação seria a fase seguinte. Para preparar o corpo na arte do amor exercitavam-se na arte do lançamento, da corrida, do mergulho, da natação e da escalada. A vitalidade e a alegria podiam ser avaliadas em todas estas actividades. Mais tarde, esta viria a chamar-se de *energia guerreira*. Originalmente, esta não era uma energia guerreira, mas sim uma energia masculina, simultaneamente sólida e ágil. Não era uma energia guerreira, pois estava colocada ao serviço das mulheres e em contacto com Nammu. Estava ligada com a percepção de todo o ser vivo. Nas culturas mais tardias, impôs-se o poder do homem através da guerra e da violência, o poder de destruir vida, um poder sobre a morte que determinava a cultura. Mas através do amor sensual, procedia-se à integração da sua energia excessiva, renovada numa energia mais branda e amorosa. Esta era a maneira de compreenderem e reclamarem o lado brando do poder da vida, era essa a sua finalidade.

Dentro de algumas semanas, conjuntamente com os clãs vizinhos, dar-se-ia início à festa da juventude. Festejar-se-ia a Primavera e a Deusa em devir na sua maturidade. Os rapazes demonstrariam as suas artes. Eram autorizados a desaparecerem durante uma hora com a parceira da sua escolha, para se exercitarem na arte da aproximação mútua. Esta festa fazia estremecer os rapazes, pois a maioria deles já tinha escolhido uma parceira de sonho com a qual se iriam encontrar pela primeira vez de forma consciente, com um novo conhecimento. Provavelmente, não haveria ainda a consumação do acto sexual. Isso não era proibido, mas apenas muito raramente se dava o caso. Antes de darem esse passo havia ainda muita coisa para descobrir e estes não queriam deixar nenhuma dessas descobertas por fazer, tal como tinham aprendido com as guardiãs do conhecimento da serpente. Só sentiam a permissão para o fazer quando a esfera de energia luminosa os dirigia inequivocamente para a consumação do acto sexual. Em seguida iriam, um a um, para o centro do círculo contar às sacerdotisas a sua experiência. Estas dar-lhes-iam indicações sobre o próximo passo a dar. Ao longo dos anos, despertaria cada vez mais uma energia masculina nos rapazes.

A Dimensão Profissional
e a estação Emissora

Após ter recebido duas introduções sobre a vida «íntima» da tribo, estava agora cheia de questões e gostaria de lá ter ficado. Mas antes de poder penetrar na dimensão da mulher serpente e continuar assim a pesquisa sobre a vida amorosa da tribo, fui em primeiro lugar conduzida a outras dimensões. Fui enviada para a zona na parte superior do cromeleque, das pedras maiores que brilhavam com maior intensidade, próximas do conselho dos anciãos e directamente ligadas ao poder de Eros. Foi por aqui que, na minha primeira visita, entrei no cromeleque, tendo passado pelo portão energético de acesso e sido saudada por aquela a que chamei de *pedra guardiã*.

Encontrei-me no território daqueles que *estão a crescer*. Atravessado o reino das plantas e dos animais, a alma dava entrada na dimensão da mulher serpente, no reconhecimento da apropriação total da sua própria energia. Se ao longo dos anos a alma já conquistara o seu lugar no sistema social da tribo e na vida amorosa, então, os membros da tribo, tanto homens como mulheres, estavam preparados para se deixarem iniciar na sua vida profissional específica e nela se desenvolverem. A aprendizagem na dimensão da mulher serpente começava aos 14 anos e, em geral, dava-se por concluída aos 21. Nesta idade, muitos dos membros da tribo eram enviados a visitar outras tribos para melhor conhecerem o mundo e, acima de tudo, para se exercitarem na sua independência e no exercício das suas capacidades de comunicação telepática. Geralmente, esta viagem durava cerca de três anos mas, frequentemente, durava ainda mais tempo. Eram também escolhidas as regiões para onde tinham de viajar, consoante a alma animal na qual cada um tinha sido iniciado, ou consoante a planta que se tinha revelado como a sua planta correspondente. Era também aí decidida a orientação profissional que fora escolhida pelos próprios interessados e pelos anciãos da tribo. Começavam os anos de aprendizagem e de peregrinação. Acontecia tanto a homens como a mulheres encontrarem o seu lugar noutra tribo mas, muitas vezes, a maioria deles voltava com novos conhecimentos que depois apresentavam aos mais anciãos. Os aniversários não eram celebrados na tribo como é habitual entre nós, mas celebrava-se sempre o dia em que um membro da tribo tivesse atingido um novo grau de maturidade, quando tivesse sido recebido por um animal ou planta correspondentes, ou quando um antepassado lhe tivesse aparecido para o iniciar em determinados domínios do conhecimento profissional. Pode-se imaginar que essas festas se celebravam frequentemente. Elas serviam sempre para a consolidação de um novo conhecimento e para o agradecimento aos antepassados, por esse conhecimento ter chegado até eles. Estas festas, acompanhadas por música e cantos que toda a tribo preparara para a pessoa que tinha sido iniciada, aconteciam quase sempre no cromeleque. Através de danças à Deusa da Lua, festas do amor conduzidas pelas sacerdotisas do templo do amor e de diversos discursos, toda a tribo agradecia a Nammu.

Através do ciclo das estrelas, das plantas, dos animais e da sexualidade, os membros mais jovens da tribo tinham amadurecido tanto fisicamente, que podiam agora adquirir também novos conhecimentos espirituais. Ao entrar na estação emissora, eram introduzidos no conhecimento profissional e na maturidade, através da aquisição da energia e da capacidade amorosa. Quando estavam suficientemente desenvolvidos para entrarem na dimensão da estação emissora e da profissão, a mulher serpente dava o sinal de reconhecimento. Era também a mulher serpente que os enviava em viagem e lhes comunicava a duração da peregrinação. Já em crianças, eram muitas vezes chamados por um dos membros mais velhos da tribo à dimensão da estação emissora. Alguns dos membros mais velhos tinham assumido o apadrinhamento dos que estavam a crescer e, paulatinamente, iniciavam-nos nos domínios do conhecimento que mais tarde seriam importantes para eles. A respectiva mãe, a que chamavam Schanammu, quando sabia da chegada da criança, ficava também a saber a orientação básica que essa criança desejava adquirir no seu desenvolvimento. Eram então escolhidos os padrinhos consoante este desejo de desenvolvimento. Algumas crianças eram iniciadas no conhecimento da cura, outras tornavam-se guardiãs do mundo das plantas. Havia os astrónomos e as guardiãs da História, os artistas e os músicos. Alguns eram iniciados na natureza dos números, outros na natureza dos segredos mitológicos e na energia dos símbolos. As mulheres que tivessem sido abraçadas pela mulher serpente eram instruídas para futuras Mirjas – como se chamavam as sacerdotisas do templo do amor – outras tinham ainda a sorte de ser aceites na escola pelas sacerdotisas do oráculo e aprender a arte dos sonhos. A pedra auditora, a mestra do som, a guardiã do movimento e da dança, eram todas madrinhas para os mais novos que acompanhavam e instruíam na sua profissão futura. Tinham sempre em atenção para que os 96 arquétipos necessários estivessem representados. Nenhuma das funções que era necessária para a coesão da tribo ficava por ocupar, tendo em vista a conservação de todo o biótopo. Tal como num organismo, um membro articulava-se com outro e fechava o círculo da comunidade. Naturalmente, era condição prévia que se recebesse uma determinada formação básica em todos os domínios da vida.

A fase da estação emissora era vivida geralmente entre os 21 e os 50 anos. Nesta fase, ainda se podia mudar de domínio de formação. Era sempre a própria vida que indicava novas direcções. Todos os membros da tribo tinham aos 50 anos alcançado a sua profissão e podiam cobrir todos os domínios de conhecimento que eram necessários para o seu exercício. Chamava-se «a idade da maturidade», na qual se tinha a tarefa de partilhar a responsabilidade para com toda a tribo. Assim como o Deus Sol ou a Deusa Lua brilhavam e iluminavam toda a vida à sua volta, também cada membro da tribo tinha a tarefa de brilhar pelas suas capacidades e, desse modo, completar e enriquecer os outros seres da tribo. Cada um tinha ao longo da vida uma tal função. Ninguém ficava sem profissão. O papel que cada membro da tribo tinha a desempenhar com exactidão, era determinado através dos sonhos que Schanammu tivera antes da chegada do respectivo membro da tribo, através do encontro com plantas e animais, através de sonhos que eles próprios individualmente sonhavam e, por último mas não menos importante, pelas sacerdotisas do oráculo em conjunto com o conselho dos anciãos, que decidiam sobre a profissão que a tribo necessitava mais urgentemente naquele momento. Sempre que possível, procurava-se que o desejo do jovem correspondesse ao desejo da tribo. Quando isso não acontecia, conferenciava-se.

Ao ser festejado o seu novo aniversário, o dia da maturidade, a mulher serpente libertava os homens e mulheres para o próximo domínio da vida. Então, cada um era primeiramente enviado em busca de uma visão. Passavam três dias e três noites sozinhos num local na floresta, para solicitarem à Deusa conhecimentos suplementares para a sua vida, que lhes indicasse a continuação do caminho. Antes de serem enviados em busca dessa visão, tinham já avançado bastante nas suas capacidades. Exteriormente, parecia já não faltar nada. E mesmo assim, normalmente, a visão superior da realização nunca se dava antes dos quarenta anos, a maior parte das vezes por volta dos cinquenta. Nessa altura, já não eram recebidos por nenhum animal ou planta, mas antes pela sua própria forma eterna, pela qual esperavam em sonho, que lhes indicava o caminho a seguir. Eles conheciam a sua correspondência psíquica no mundo dos animais e das plantas, tinham sido introduzidos na vida psíquica dos seus parentes da tribo, tinham encontrado a essência das várias constelações e sabiam como chamar os seus antepassados. Dominavam as faculdades das artes, da telepatia, da linguagem e do movimento. Agora, deviam encontrar-se com a criação na sua pura dimensão espiritual, na sua elevada essência criadora, na sua forma eterna envolvida na totalidade do processo de criação e pela qual eles próprios tinham sido enviados para toda a viagem na vida. Encontravam a sua participação eterna em Nammu, que os acompanhava em todas as encarnações e em todos os diversos espaços existenciais que visitavam. Esperava-os aqui o mundo cristalino e claro do pensamento e do conhecimento puros que se situam para além de todos os mundos, quer os das imagens, quer os de todas as projecções da alma.

Era importante que encarnassem totalmente quando ao se depararem com este aspecto da alma, pois o eterno Eu vinha de uma dimensão anterior à matéria, de natureza puramente espiritual, na qual todos são um só, isto é, onde não existem as diferenças polares entre masculino e feminino. Este espaço existencial podia comove-los tão profundamente a nível espiritual, que determinados aspectos materiais poderiam cair no esquecimento, o que não era a intenção da criação primordial. Era um processo de conhecimento transcendental altamente sóbrio que os esperava e que decorria sem mundos de imagens. Se tinham avançado até esta dimensão do sonho, tinham-se encontrado a si próprios e podiam, finalmente, aceder ao centro da energia da tranquilidade, no qual cada nova criação tem o seu ponto de partida. Era um mundo de sobriedade e clareza absolutas, onde não existiam mais necessidades; um mundo que os convocava para a tarefa da plena maturidade e responsabilidade. Era o olhar mais profundo da criação, concedido por Nammu.

Eventualmente, todos receberiam uma compreensão sobre este «espectáculo» do espírito, se de modo suficientemente intenso se tivessem apropriado dos restantes graus de existência. Nessa altura, veriam a própria criação na essência de Nammu, no seu aspecto espiritual e eterno que existe para além de cada mudança. Conheceriam então a sua participação nela e podiam, por isso, assumir a responsabilidade total pela mesma. Tudo resplandecia à luz deste conhecimento. Este estado de maturidade só podia ser alcançado quando a alma entrava em contacto com todos os mundos de imagens de Nammu e neles tinha encontrado um lugar. Por isso era tão importante adquirir um conhecimento profundo sobre a alma das plantas, dos animais e das estrelas, antes de se dedicarem ao seu próprio mundo profissional. Acima de tudo, era importante terem encontrado o seu lugar na vida amorosa, o que lhes permitia uma integração sólida na vida da comunidade. Só nessa altura o corpo ficava apetrechado e preparado para este novo conhecimento. A sua instrução podia ser dada por terminada, se esta forma eterna lhes aparecesse nos sonhos, pois isso significava que tinham chegado a si mesmos na sua extensão total, sendo então celebrada pela tribo uma festa especial.

A Dimensão da Ancianidade, da Morte e da Reencarnação

No ciclo da tribo, a última dimensão importante pela qual cada membro passava era a da ancianidade e do conselho dos anciãos, simbolizado através da pedra situada mais a ocidente no cromeleque. Nesta dimensão, encontrava-se também a pedra deitada de Nammu, sobre a qual tivera todos os sonhos importantes de iniciação. À sua volta encontravam-se bastantes pedras grandes e redondas, que me pareciam nitidamente femininas, representantes das sacerdotisas do oráculo. A chamada Pedra da Cura encontrava-se também neste perímetro.

Todo o espaço do conselho dos anciãos formava um círculo dentro do círculo. Um pouco abaixo, encontrava-se uma pedra pequena mas bastante saliente. «*Eu trato de manter o contacto entre o conselho dos anciãos e o resto da tribo. Sou o elo de ligação entre todas as outras dimensões e faço com que a comunicação flua*», respondeu ela à minha pergunta.

Por várias vezes, senti-me atraída por uma pedra maior no conselho de anciãos. Ia muitas vezes para junto dela quando queria descansar e reflectir acerca de tudo. Ela tornara-se para mim num foco e num porto de abrigo. Foi nela que recebi a tarefa de escrever este livro e de fazer uma viagem espiritual a Malta. «*Eu sou a tua pedra correspondente para a velhice*» comunicou-me um dia. «*Encontra a tua auto-imagem de como queres ser aos 86 anos. Liga-te a ela profundamente. A visão de ti própria encontrada, oferece uma grande energia de sobrevivência. É importante termos uma visão de nós próprios na velhice, pois esta conduz e determina os próximos passos a dar na vida. A auto-imagem que fazes de ti na velhice determina se atrais energia vital ou não, se segues o caminho da coragem ou da resignação. A maior parte das pessoas tem uma imagem negativa de si mesma na velhice. Não têm nenhuma relação com a morte. Elas retiram este aspecto das suas vidas. Por essa razão, a vossa sociedade coloca os idosos de parte. Instintivamente, não querem confrontar-se com este tema, uma vez que isso desperta as questões do sentido da vida, da vida depois da morte e da religião. Ao excluírem essas questões das suas vida, a maior parte das pessoas adoece cedo de mais. A energia da vitalidade e da eternidade necessitam de um receptáculo espiritual e de uma visão, ou de um sonho no qual possam fluir.»*

Mergulhei mais profundamente na visão de mim mesma, tal como me imaginei aos 86 anos. De imediato, surgiram-me imagens de uma tal nitidez como até então nunca tinha recebido conscientemente. Vi uma mulher vestida de escuro, com o rosto completamente enrugado, mas cheia de vitalidade e ainda sensual. Seguindo simplesmente as minhas imagens, vi uma mulher que mantinha ainda claramente uma vida sexual activa. Tornara-se numa confidente para muitas pessoas e num ponto de contacto, sobretudo, para os mais jovens. Vi uma mulher sábia que gostava amiúde de estar só consigo mesma, que dava atenção à arte, à música e à pintura, e que tinha cultivado um contacto muito íntimo com as plantas. Vivia uma vida simples e gostava muito de reunir pessoas à sua volta. A espiritualidade desempenhava um grande papel na sua vida. Mas era uma espiritualidade muito simples, austera e substancial, à qual se poderia chamar de espiritualidade ligada à Terra. A sua forma de orar era a própria vida, a maneira como lidava com os seus sonhos e como conscientemente cuidava do contacto com as pessoas, animais e plantas. Vi-me como uma espécie de anciã de uma nova tribo. Tinha-nos sido possível, em conjunto, construir com sucesso uma comunidade.

Subitamente, surgiram-me estas imagens, enchendo-me de vitalidade e alegria antecipada. *«Sim, consolida a imagem de como queres ser. Examina minuciosamente e com todos os pormenores qual é a sensação. Os sonhos criam a realidade. A maior energia de cura na vida, é uma visão em cuja realização se pode também acreditar. Esta está directamente ligada à forma final, tal como é universalmente presumida e pensada»*. Propus a mim mesma dedicar-me muito mais vezes a visionar quais as melhores possibilidades da minha forma na velhice.

O conselho dos anciãos simbolizava sabedoria e bondade. Este era responsável pelo decurso da vida social na tribo e era ocupado por homens e mulheres. Dele faziam parte as pessoas que usufruiam de maior confiança dentro da tribo e que representavam o conhecimento mais abrangente. Todas as críticas ou questões em aberto eram levadas ao conselho dos anciãos e eram aqui discutidas. As três sacerdotisas do oráculo tinham um valor de extrema importância. O oráculo só era exercido por mulheres, que eram as representantes da abrangente sabedoria de Nammu.

Quando os membros da tribo tinham encontrado a sua maturidade sexual e a sua profissão, dava-se ao mesmo tempo início a um novo ciclo, no qual estes eram preparados psiquicamente para a ancianidade e para a morte. Tratava-se de aprender a construir e a manter o contacto com a forma eterna, por detrás de todas as projecções e de todos os apogeus e declínios. A morte simbolizava uma passagem, um nascimento para uma existência diferente e para outros espaços de consciência para os quais se era preparado a partir dos 50 anos.

A morte nunca era um acontecimento acidental com o qual ninguém tinha contado. No seu processo, era análoga ao nascimento. Nos sonhos dos interessados, os seres das estrelas anunciavam-se e chamavam-nos para uma mudança de existência. Se alguém sentia que a sua hora se aproximava, apresentava sempre esta «tomada de consciência» primeiramente ao oráculo. Em conjunto, determinava-se o dia e a hora na qual o interessado se queria despedir. Depois disso, eram enviados mensageiros para convocarem todos os familiares e conhecidos. Em particular, eram chamados aqueles que deveriam representar a sucessão. Geralmente, a assembleia acontecia no cromeleque. Uma sacerdotisa do oráculo estava sempre presente e acompanhava a transição. Na maior parte das vezes, os familiares passavam três dias e três noites juntos com o moribundo. Comunicavam-se todas as coisas importantes que ainda necessitavam de ser ditas. Eram escolhidas determinadas pessoas com quem no futuro seria mantido o contacto. Estas ficavam a saber o nome de sonho do moribundo. Muitas vezes, este comunicava logo quando pensava voltar outra vez, se dentro de uma geração, de duas ou se até mais tarde. O dia e a hora da morte eram importantes, pois revelavam certas informações sobre as estrelas. Quem mantinha a sua orientação espiritual com Sírio, escolhia uma hora diferente para morrer do que uma pessoa ligada espiritualmente a Vénus ou às Plêiades. Geralmente, contava-se que os descendentes voltassem exatamente no mesmo dia e à mesma hora em que tinham morrido na outra vida.

Um dia, recebi uma compreensão profunda sobre este fenómeno quando estava deitada sobre a pedra de Nammu. De repente, vi à minha frente um homem de idade avançada ali deitado: Manewa. Tinha 93 anos e tinha sido um mensageiro da tribo que passara os seus últimos 20 anos no conselho dos anciãos. Tinha exercido a função de astrónomo. Uma vez que pensava sucumbir, convocara todos os seus familiares e já era o terceiro dia que passavam juntos no cromeleque. Encontrava-se sobre a pedra deitada, com as mãos entrelaçadas. À sua volta encontravam-se cerca de 40 pessoas, que cantavam e tocavam tambor baixinho, num ritmo marcante. Este batuque devia simbolizar o bater do coração de Nammu, com o qual o muribundo se devia ligar solidamente. Directamente ao lado de Manewa encontravam-se as três sacerdotisas do oráculo. O fumo de determinadas plantas ascendia para o alto. Simbolizava o caminho que a alma iniciaria. Manewa estava deitado de olhos fechados e falava clara e minuciosamente. Parecia estar em transe e já ligado com o mundo para onde pensava transitar. Comunicava para onde tinha sido chamado, nomeava o seu nome de sonho com o qual a tribo o poderia convocar, agradeceu e comunicou instruções precisas aos seus descendentes. Depois chamou até si Manewazuka, o seu sucessor, e pediu que fossem deixados a sós com uma das sacerdotisas presentes do oráculo. Manewazuka ficou a saber de um nome de sonho especial, com o qual apenas ele estava autorizado a convocar Manewa. Era importante para ambos manterem um contacto claro e límpido, pois Manewa iria contactá-lo através do espaço cósmico e enviar informações acerca de para onde deveriam enviar mensageiros especiais com determinada incumbência. Os dois permaneceram três horas na presença da sacerdotisa do oráculo, onde conversaram sobre tudo o que era essencial. Após isso, os restantes foram chamados a reunirem-se de novo. Foi então partilhado um banquete e os jovens trouxeram presentes que queriam oferecer a Manewa na sua morte.

Os festejos duraram cerca de duas horas. Manewa, assistia sentado e em silêncio à actividade animada. A seu lado estava Tamara, a sua companheira de longos anos. Falavam pouco um com o outro. Trocavam entre eles um murmúrio amoroso por vezes alegre e outras cheio de tristeza. Tamara não dissimulava a sua tristeza. Mesmo sabendo que tudo estava a decorrer como previsto, não era com agrado que deixava o seu companheiro partir. Deixou que as lágrimas lhe corressem livremente pelo rosto. Isso fazia parte. Por vezes ralhava, dizendo a Manewa que podia ter esperado também até ter chegado a hora dela. Mas todos sabiam que não falava a sério, era apenas um escape para libertar os seus sentimentos. Por fim, tinha chegado o momento. Manewa chamou até si o Mestre do Som. Sussurou uma melodia que Nammu lhe tinha oferecido, uma melodia que a sua alma desejava na transição para o além. Com uma rapidez impressionante, toda a tribo aprendia a melodia. Esta soava intensamente e ligava-se com a luz do anoitecer, numa festividade sublime. Manewa deixou que lhe trouxessem plantas especiais que o acompanhariam na morte. Com elas, fez tabaco para fumar e acendeu um cachimbo, soprando o fumo na direcção dos quatro pontos cardeais, tal como sempre fazia em certos rituais. Alguns fumavam com ele. Todos se baixaram e entraram numa oração interior. Manewa estava agora deitado de olhos fechados e respirava calmo. De vez em quando ainda murmurava algumas palavras.

Após cerca de uma hora tinha chegado o momento. Era como se o mundo tivesse parado por um instante. O sol baixava a ocidente. Tudo tinha como que mergulhado numa luz vermelha e quente. Um vento forte surgiu por breves momentos. Um leve sussurro passou por entre o grupo ali reunido. A sacerdotisa do oráculo deitou mais salva e outras plantas para o fogo. Todos se levantaram para cantar e bater silenciosamente com os pés no chão. Sabiam que Manewa tinha acabado de partir, a sua canção e oração deviam acompanhá-lo na sua transição para o além. Alguns choravam silenciosamente, outros riam e abraçavam-se. Havia naturalmente uma certa tristeza pela perda de um ente querido que agora os tinha deixado. Mas todos sabiam que esta transição tinha sido bem realizada. Manewa tinha realizado a sua missão nesta vida. As suas ofertas espirituais tinham sido recebidas por todos e cada um guardaria a imagem de Manewa no seu coração. Durante três anos, o seu sucessor chamar-se-ia Manewazuka. Um dia, viria também a chamar-se Manewa e assumiria o cargo do seu antecessor no conselho dos sábios. As sacerdotisas do oráculo acompanhá-lo-iam neste processo, pois ninguém deixava a tribo sem que certas pessoas fossem designadas para representar a sucessão.

Manewa tinha pedido que alguns dos membros da tribo ainda velassem por ele dois dias e duas noites. Estes deviam guiar espiritualmente a alma de Manewa ao longo do seu caminho. Depois deveriam cremá-lo. Este tinha sido o seu desejo explícito.

O próprio Manewa regressaria outra vez à Terra após duas gerações, desta vez com uma nova missão que traria da sua vida nas estrelas.

III

Nota Prévia

Após a minha viagem espiritual a Malta inspirada no cromeleque, terminei e aumentei o presente capítulo. Esta viagem abriu-me para uma compreensão ainda mais profunda do mundo da experiência erótica desta cultura antiga.

As muitas estátuas e templos que ainda se encontram ali conservados, são o testemunho tangível de uma cultura pré-histórica pacífica. Malta era o local ideal para aprofundar os meus transes históricos. Acima de tudo, via ali cada vez mais precisamente o tempo histórico em que os povos pré-históricos viviam. Deste ponto de vista, obtive uma compreensão abrangente das causas para o aparecimento súbito da crueldade e da violência na Europa, como o aparecimento do povo Kurgan, que Riane Eisler descreve brilhantemente no seu livro *O Cálice e Espada*. Visitei também inúmeras vezes o cromeleque para descobrir mais sobre este assunto, aprofundando-me na dimensão do Eros e da escola do amor, na qual tinha acontecido a ferida espiritual e psíquica em certo momento da vida da tribo. A história seguinte é uma recolha de vários transes, sonhos e inspirações. Escrevi os nomes tal como me apareceram nas minhas intuições. Vivenciei de forma muito tangível as lições sobre a história da tribo, que as sacerdotisas do amor deram aos seus alunos e alunas. Vivenciei as lições, nas quais uma das sacerdotisas do templo partilhou com os jovens a ocorrência da desgraça no amor entre os sexos. Mas em primeiro lugar, esta contou-lhes o sonho do amor pessoal que conjuntamente se preparava.

Como Surgio o Mal no Mundo?

Visitei ainda mais algumas vezes no cromeleque a dimensão da mulher serpente e fiquei fascinada com a beleza e variedade da vida erótica desta tribo pré-histórica. Fui inundada de inspirações e sonhos. Entretanto, a tribo inteira tinha-se-me apresentado no seu arquétipo e significado. Mas sentia-me agora de novo fortemente assaltada por dúvidas e questões. Eu sabia que a história ainda não terminara. Para além disso, a nossa realidade era demasiado desagradável em contraste com este *conto de fadas*.

Se esta história contivesse apenas um núcleo de verdade, se é que era verdade que tinha mesmo existido a chamada *Era Dourada,* muito antes desta ser mencionada na mitologia grega, se esta cultura tivesse florescido na Terra antes mesmo de existir qualquer historiografia, era naturalmente legítimo perguntar: como é que o mal surgiu no mundo? Como é que apareceu a violência, a opressão, o domínio, o medo, o ódio e a dor? Sabia que tinha de levar mais uma vez as minhas dúvidas ao cromeleque, apesar de já nas minhas visitas anteriores ter obtido indicações sobre isso, que colocavam em questão todas as explicações convencionais. Não podia explicar o descarrilamento e as crueldades da nossa história cultural, com a argumentação de que o mundo era cruel pelo facto do ser humano descender do macaco, a princípio grosseiro e bruto que mas com o tempo se fora aperfeiçoando e «humanizando». Agora, deixara de funcionar a imagem histórica baseada na premissa de que o ser humano só podia edificar culturas através da conquista de territórios e que, chefiado por um Deus masculino, tivesse de dizimar povos para estabelecer o reino de Deus na Terra. A ideia da própria natureza ser a Deusa, com a qual se podia comunicar a qualquer momento, transformou também a compreensão da natureza. Até agora parecia-me que as forças da natureza estavam revestidas de um carácter muitas vezes violento e ameaçador. No entanto, presenciei na minha visão da pré-história, seres humanos que estavam em contacto com a natureza, completamente sem medo e ligados com todos os seres. Estes também não conheciam o medo da morte. Que imagem acerca da religião e da divindade! Começamos agora, com bastante dificuldade, a encontrar esta visão na nossa tradição, visto esta não ter sido transmitida ao longo da história. Na versão bíblica, a mulher primordial feminina aparece representada na história da criação através de Eva e da serpente, mas esta não é propriamente um símbolo nem do bem nem do sagrado. Em todo o Antigo Testamento não existem quaisquer indícios de uma divindade feminina. Pelo contrário, encontramos por toda a parte os vestígios do seu extermínio. Também no Antigo Testamento ela tivera de ser aniquilada, sob o comando de Javé. Os meios utilizados para o seu aniquilamento são testemunho do seu poder original.

Todavia, já muito anteriormente tinham existido povos caçadores, tribos guerreiras, veneno e órgãos biológicos de ataque em animais e plantas que hoje, de imediato, nos lembram armas. Acerca disso existem poucas dúvidas. Toda a natureza se baseava no príncipio de devorar e ser devorado, sendo antes mutações raras, as tribos ou espécies animais pacíficas.

Muitas destas contradições ficaram inicialmente sem resposta. Também não queria expor demasiado cedo à discussão as minhas novas experiências, que sentia quase como um processo de parto histórico embrional. Em todo o caso, já não me podia deixar abalar pela clareza e univocidade das minhas visões e transes. Elas tinham um núcleo de verdade evidente e objectivo. Não conhecia esta condição existencial de nenhum livro de história e tão pouco desta vida, mas esta tornara-se para mim obrigatoriamente verdadeira. Esta era condição existencial para uma cultura pacífica e espiritual bem sucedida, como a que vira ao entrar no reino da mulher serpente, ou a com que sonhei na pedra deitada, ou a que me assaltou através do encontro com a pedra arquetípica da rapariga *Liana Branca*.

Desde cedo, aprendi na minha vida presente que temos de nos proteger. Nas aulas de história só ouviramos falar de combates cruéis. Nas notícias, para onde quer que olhemos, deparamo-nos constantemente com histórias horrendas. Pessoas que são assassinadas e guerras por todo o globo terrestre. Quanto mais desenvolvida uma cultura parece, ainda que em parte ocultos, são vastos os seus métodos e estratégias de extermínio. Quem pretende alcançar algo, tem de se impôr através da violência e da exploração de outros seres. As catástrofes ambientais estão a agravar-se e, fatalmente, são os povos mais pobres os mais atingidos. Actualmente, onde poderei encontrar a acção da Deusa?

Também o chamado amor consiste mais numa guerra de sexos, ou, nos casos mais inteligentes, num acordo silencioso para evitar a confrontação entre os sexos. Existe até hoje, consciente ou inconscientemente, a crença no Deus punidor do Antigo Testamento. Este Deus actua através da proibição do aborto pelo Papa, através de fantasias de violação e de sonhos de sacríficio. Muitas mulheres, por motivos compreensíveis, nem suspeitam como na realidade se estão a subjugar a ele quando acreditam que se estão a impôr com êxito contra a ditadura masculina, quando se defendem contra qualquer forma de sexualidade masculina. Já não se apercebem que com isso se estão apenas a virar contra a sua própria alegria de viver e contra o seu poder original, tal como vi e experienciei directamente no cromeleque. Os arquétipos espirituais e imagens psíquicas do mundo guerreiro masculino ainda vociferam com a mesma violência primordial. Parece que nos encontramos todos num beco sem saída, influenciados e regidos por um trauma histórico que se repercute nas nossas relações amorosas, obscurecendo a vida sobre a Terra e tornando-a, para a maior parte de nós, mais num muro de lamentações do que num paraíso prometido.

Javé expulsou Adão e Eva do Paraíso porque estes se tinham conhecido: o pecado original. Em hebraico, sexualidade e conhecimento são a mesma palavra.

O filho, por amor à mãe, mata Édipo, seu pai. Dois heróis debatem-se pela mesma mulher, até à morte de um deles: a guerra de Tróia por causa de Helena. Páris é o filho expulso, que na verdade está apaixonado pela mãe, o incesto, e é repudiado pelo pai. Artemisa, busca proteção na ilha de Delos perante o ciúme de Hera. Para onde quer que se olhe, desde que existe historiografia, desde o patriarcado e as novas formas de amor daí resultantes, que predomina no amor o ciúme, o pensamento de posse, de conquista, de violência e da intriga. A tragédia grega é um dos muitos produtos culturais que daí resultaram.

As mulheres lutam umas com as outras assim que começam a amar o mesmo homem. Ficam à espera do princípe encantado e querem ser a única na sua vida. São essas as imagens que cunham a vida psíquica. Por isso, até com a melhor amiga se arrisca a inimizade, quando estas amam o mesmo homem. Qualquer filme televisivo está cheio deste tipo de kitsh amoroso.

E ao lado do desejo amoroso, há ainda o puro desejo sexual.

O lema brutal do rei Erl: «Não queres a bem, vai a mal» reveste de mais ardor do que uma aproximação meiga e amorosa, a fantasia sexual da maioria dos homens, mas também de muitas mulheres. Fantasias pornográficas, imagens de violações, de obrigação sexual e de perversão, excitam muitas vezes mais o falo do que imagens do amor sensual nas quais as mulheres se entregam de livre vontade.

Como proteção contra realidades sexuais desconhecidas, por medo da violência e caos no amor, a moral aperta cada vez mais um colete de forças em torno do desejo amoroso. A relação amorosa a dois, a exclusividade na relação sexual e o casamento são, entre outras, uma defesa contra a realidade sexual. Ainda hoje, uma história com mais de três mil anos de acontecimentos sexuais pavorosos, de torturas e opressões horrendas, faz-nos encarar o tema da sexualidade com receio. Colocamos a moral contra a verdade. «Se ele me trair, mato-o». Esta asserção de Liz Taylor é inteiramente aceite como normal e moralmente justificável. E não apenas no seu sentido literário, passa furiosamente por alguns quartos de dormir de jovens apaixonados, provocando dramas amorosos e destruindo a semente da confiança. Muitos consideram isto o *verdadeiro amor* e começam a esconder um do outro aquilo que verdadeiramente sentem e pensam. A semente da eterna desconfiança entre os dois sexos foi assim semeada com sucesso. Quantos homicídios e suicídios terão acontecido, fruto desta falsa imagem do amor? Quanta infelicidade, doença, saudade e vida não vivida? Os jornais estão diariamente repletos disso.

Terá então a própria natureza mudado tão fundamentalmente? Ou será que a violência na história não partiu da própria sexualidade, mas antes da sua violenta repressão? Segundo os relatos de sonho que recebi, não existia naquele tempo qualquer tipo de hostilidade e ainda menos de crueldade entre o ser humano e os animais.
  Para poder acreditar na realidade de uma utopia pré-histórica pacífica, tinha necessidade de mais explicações sobre este momento crítico na criação. Que acontecera? Como é que o ser humano, sendo ele um co-criador de toda a criação, se catapultou para o inferno? Aquilo a que geralmente se chama progresso era, sob este ponto de vista, não um progresso mas precisamente o contrário. As histórias que via e ouvira até agora eram suficientemente evidentes, dando-me todas as razões para continuar a questionar com um interesse ardente as pedras e o novo mundo de sonho a explorar. «Como é que se deu o ponto de viragem na evolução, como é que o mal surgiu no mundo?

Interessava-me muito especialmente o aspecto que entrara na dimensão erótica entre os sexos. Era frequentemente confrontada com a «desgraça» entre o homem e a mulher. Queria pesquisar tão profundamente quanto possível este modelo de paz e compreender a sua ferida. Primeiramente, deixei as questões históricas nos bastidores. Também permaneceu inicialmente em aberta, a questão de saber se este princípio de paz dominava em toda a Terra ou apenas em poucas civilizações. Queria conhecer, entender por completo e reviver inteiramente este caso modelo, antes de o classificar historicamente. Era um processo de abertura. Tinha a tarefa de mobilizar novamente a memória e de chamar um conhecimento adormecido durante milénios, que contradizia em muito o actual espectáculo histórico. Dirigi-me com as minhas questões vezes sem conta ao cromeleque e assim se foram juntando ao longo do tempo os capítulos seguintes. Eles são uma parte da resposta à questão: Como é que surgiu o mal no mundo?

O Sonho do Amor Pessoal

A Sacerdotisa Vatsala

Entrei novamente na dimensão da mulher serpente onde me tinham aparecido Tamara, Newar e Vatsala. Foi aqui que fui doutrinada no amor sensual e acompanhei também o desenrolar da iniciação dos rapazes no conhecimento erótico. Agora era conduzida uma vez mais ao lugar das mulheres. Desta vez segui Vatsala, que estava telepaticamente em contacto com a longínqua Índia, onde uma Deusa com o mesmo nome ainda hoje é venerada. Tamara e Newar já estavam presentes e encontravam-se rodeadas pelas raparigas, que estavam cheias de questões. Tinham acabado de regressar de um encontro do conselho dos anciãos e ficado a saber através de Bechet, que era chegado o momento de instruir as raparigas que estavam próximas de atingir a maturidade acerca do perigo ameaçador e da desgraça que vinha do Nordeste da Europa.

Mas antes disso deviam primeiro conhecer o sonho do amor pessoal na sua beleza paradisíaca, para compreenderem melhor o perigo que as ameaçava. A Bechet tinham sido transmitidas informações importantes sobre uma tribo do Nordeste da Europa. Tinham vindo da sacerdotisa mais velha, Chamut, que trazia uma grande tristeza no coração. Tinha acontecido aquilo que os antepassados já sabiam há milhares de anos e, para o qual, tinham constantemente preparado toda a tribo, na esperança de que o sonho do paraíso pudesse apesar disso encontrar uma continuação.

Hoje seria Vatsala a começar com a narrativa. Tinha recebido do conselho dos anciãos a tarefa de falar às jovens discípulas sobre o sonho do amor pessoal, com o qual mais cedo ou mais tarde iriam entrar em contacto, uma vez que este era um sonho da criação em busca de concretização. Por isso ele se fazia sentir cada vez mais nitidamente e com cores cada vez mais fortes no coração das raparigas e das mulheres. Vatsala narrava o sonho de uma maneira vivaz e pitoresca, cheio de cor. Movia-se no círculo da audiência, colorindo cada objecto e cada detalhe. Como que enfeitiçadas, todas as presentes seguiam aqueles mundos de imagens. Por vezes, a sua voz estremecia de tão emocionada que estava, com a possibilidade de realização deste sonho num futuro próximo. Ela personificava a Pedra do Corpo do Som – era uma narradora de histórias. Para isso, recolhia as mais variadas histórias e visitava também outras tribos em países longínquos. Nunca permanecia mais do que três meses numa tribo. Primeiro descrevia a Mãe primordial, Shanammu, a mais anciã, que governava redonda e bondosa no interior da tribo e no qual fora erguido em sua honra o lugar do fogo, como o centro mais sagrado da tribo. Com uma vara, Vatsala esboçou os contornos de Shanammu na areia. Desenhou-a com formas tão redondas, cheias e opulentas, que as raparigas à sua volta a olhavam fascinadas. Opulência e redondez eram um ideal sagrado, testemunhando que muito do conhecimento de Nammu se havia reunido nesta pessoa. Vatsala mudou o tom de voz. Agora, descrevia a figura de uma rapariga, Meret, a primeira que teve o novo sonho do perfeito paraíso sensual. Na fantasia das ouvintes, esboçava-se a figura alta e magra de Meret. Ela personificava uma nova forma de Eros.

O Sonho de Meret

Se as mães primordiais também anteriormente representavam o ideal na dimensão erótica para as adolescentes, Meret, comparável a uma Deusa do amor nunca antes vista, cuja fisionomia resplandecia uma beleza e bondade indescritíveis, trazia agora um novo ideal que se revelara nos seus sonhos», disse Vatsala. «*Se nos últimos séculos a mulher tinha representado um papel central na vida social, Meret sonhava agora que os homens se tornassem mais fortes e assumissem a liderança social em muitos domínios. Viu como as mulheres ganhariam ainda mais tempo para se dedicarem às suas tarefas espirituais, para o cuidado da sua beleza e para que houvesse transformação, paz e alegria na tribo. Sonhava com o modo como os homens se dedicariam com maior atenção aos serviços amorosos para com as mulheres. Meret sonhava com o homem forte a seu lado. Se na vida material o dom de dar a vida cabe à mulher, é do mesmo modo elementar para o princípio cósmico da criação do sonho masculino, querer e dever encarnar-se como complemento do princípio feminino. Só na própria Terra é que o princípio masculino se encontra num grau de desenvolvimento tardio, como condição para o desenvolvimento do seu lado feminino.*

Quando Meret estava deitada ao lado de um dos seus amantes e lhe abria o seu corpo, sentia em si que, com a necessidade de uma maior intimidade, um amor superior se queria concretizar. Todas as manhãs saía para a rua e exprimia o seu sonho de amor em forma de uma canção sobre a criação. Essa canção soava tão bela no mundo, que os pássaros se punham à escuta, as árvores e as plantas se debruçavam sobre ela e as flores enchiam os seus botões com o desejo desta canção. Começou a surgir uma sexualidade e uma sensualidade na qual o homem já não olhava para Meret apenas buscando o prazer no seu corpo, mas antes uma sexualidade na qual ele a abraçava com os seus braços fortes. O acto sexual tornava-se assim num novo acto de criação e num novo sonho de criação. O princípio polar da complementaridade absoluta devia ser concretizado. Mais tarde na ilha de Creta, este sonho iria encontrar a sua plena realização. Sabia-se disso na tribo. Mas o sonho nunca fora sonhado tão íntima e minuciosamente como agora através de Meret. Seria possível parte deste sonho se transformar em breve numa realidade?

No decorrer dos milénios seguintes e, se não houvesse nenhuma perturbação, talvez mesmo nos séculos seguintes o princípio do amor pessoal e da parceria se pudesse concretizar na sua expressão mais completa e encontrar a sua plenitude. Desde há várias gerações que este tema era mencionado no interior da tribo. Todos, tanto homens como mulheres que ouviam de novo a canção do sonho de Meret, ficavam presos a esta melodia. Sintonizando-se nesta música, o seu andar tornava-se ainda mais orgulhoso, a sua postura mais altiva. Justamente de todos os animais que representavam a força e a energia masculinas, os homens exercitavam-se permanentemente nos movimentos mais suaves e na força das gazelas, leopardos e leões. Exercitavam-se constantemente na arte de traduzir na linguagem terrena o seu sonho masculino e as mulheres estavam plenas de uma satisfação a que antes raramente se tinha assistido. Dedicaram-se ao artesanato. Fabricavam vasos que decoravam depois com gravuras. Sim, tiveram mesmo a ideia de fazer trajes particularmente bonitos. Anteriormente um simples trajo de algodão parecia-lhes suficiente. Agora começavam a aperfeiçoar os seus artefactos e a bordar o seu destino com cores pomposas nos seus trajes. Cada uma das mulheres encontrava a sua cor e o seu símbolo correspondentes, com os quais se sentia ainda mais reconhecida e reforçada na sua maturidade e energia individual. Cada mulher encontrava a sua pérola e adornos, nos quais o sonho do amor pessoal se reflectia e acentuava. As mulheres sabiam que se tinham deparado com um sonho de Nammu, que correspondia ao desejo da própria criação e que tinha agora encontrado o seu ponto de refinamento e maturação para ser posto em prática. Elas preparavam a encarnação deste novo sonho e, de noite, à volta da fogueira, partilhavam as esperanças e alegrias que despontavam dos seus corações. Começaram a inventar novas cores e padrões que correspondiam à sua maneira de ser e começaram mesmo a construir casas. Após vivências sexuais especialmente satisfatórias com os seus amantes passeavam pelos campos, entoando as suas imagens de desejo ao mundo, para partilharem com o mundo cósmico como o seu sonho se devia sentir na vida terrena. Paulatinamente, começaram a dedicar-se ao cultivo de terrenos. Começaram a arranjar jardins e a trazer os animais para junto de si. Uma árvore plantada por elas era chamada a árvore do conhecimento, a árvore do paraíso, pois trazia em si o fruto que tinha aparecido em sonhos a Meret, o fruto que transportava o conhecimento do amor pessoal. A serpente havia-a avisado que o poderia provar, mas que primeiramente deveria esperar que o seu corpo, o seu sonho e o fruto tivessem amadurecido.

A Ligação às Outras Tribos

Enquanto este sonho se aproximava da sua realização, impunha-se cada vez mais a cultura do Sol. Se a sementeira, as colheitas, a matemática, a arte e a música tinham inicialmente surgido numa relação intimamente ligada com a Lua e com a Terra, agora insinuava-se como uma nova energia da consciência a luz solar do conhecimento. A arte, a música e os mundos do pensamento que daí surgiram modificaram a consciência quotidiana. A música era um importante sustentáculo na criação de conhecimento científico. A música, o som e a luz eram portadores de comunicação essenciais. A luz solar tinha aparecido agora como luz da consciência. Juntamente com esta mudança histórica, deu-se o desenvolvimento da escrita noutras tribos.

Ao mesmo tempo que em Creta se orientava e preparava o sonho de realização e enquanto as pessoas da tribo de Meret permaneciam numa esperança contínua e em intercâmbio acerca de como realizar o sonho da criação, as pessoas da tribo acasalavam com os seres menos espirituais. Estes tinham-se desenvolvido a partir do mundo animal e do mundo das plantas e só parcialmente é que o espírito humano *se tinha encarnado neles. Representavam uma energia mais física do que espiritual, tal como correspondia ao sonho da criação dos antepassados. Também eles participavam na obra da criação, mas não tinham consciência disso tal como os membros da tribo onde Meret vivia. O encontro sensual destas tribos correspondia às instruções de Nammu. Eles aspiravam levar a realização do amor espiritual e sensual a todo o lado. Por vezes, acontecia que os membros de uma tribo consideravam os seres menos desenvolvidos espiritualmente como inferiores e queriam evitar o contacto com eles. A Mãe primordial Nammu podia ficar muito furiosa com isso e deixava que a tribo fosse assolada por raios e trovões até estes despertarem e se lembrarem que estes seres também faziam parte de Nammu. Cada coisa no mundo realizava o seu próprio sonho de criação. O seu espírito ia-se aperfeiçoando através do acasalamento com estas tribos, tomando assim conscientemente parte na grande realização do começo do paraíso na Terra. A riqueza das ideias e o pensamento objectivo impregnados pela luz solar eram um apoio espiritual para eles. Com a sua ajuda deviam aprender a ligar-se com o conhecimento de Nammu. Com o desenvolvimento do seu pensamento, surgiram progressivamente qualidades masculinas que começaram a entrar numa relação polar com as femininas. Isso sucedeu sem que se esquecessem da origem da Mater, da qual todos vinham.*

Vatsala tinha falado cheia de desenvoltura e devoção. As raparigas estavam presas aos seus lábios, não queriam perder nenhuma palavra ou gesto, visto que o sonho ali relatado era o seu sonho. Embora não construíssem casas, vestiam trajes simples e usavam adornos simples, se é que os tinham. Também não cuidavam de jardins, mas antes da natureza selvagem. Isto tinha-lhes sido dito por Nammu e desempenhavam cheias de dedicação essa tarefa. Nammu também as tinha incumbido de não se dedicarem ao exercício do desenvolvimento da escrita, mas antes para protegerem a memória e transmitirem a sabedoria que estava no coração de cada um e que era transmitida de geração em geração. Esta instrução era de importância crucial, visto que a escrita os levava a negligenciar o seu próprio conhecimento e memória e a percepcionar as revelações de Nammu como algo vindo do exterior. Existia nisso uma ameaça que deviam evitar. O que mais comovia aqueles que ouviam a história de Meret era a história do amor pessoal. O sonho de uma nova forma de amar soava tão intenso e claro nos seus corações como Vatsala lhes tinha retratado. Agora deviam retirar-se e esperar pelo seu próprio sonho. «*Vão e vejam quais as particularidades que vos foram destinadas. Tenham em consideração o que o vosso coração e o vosso desejo vos diz e contem-me amanhã o que aconteceu. De momento temos de proteger especialmente este sonho, pois está em perigo e tem de ser defendido*», lembrava Vatsala. As raparigas reflectiram juntas sobre a narração por alguns momentos, para depois irem cada uma para a sua cama onde as esperava o seu sonho revelador. Deitavam as suas cabeças em almofadas feitas de musgo e por baixo destas colocavam ramos de palmeira e de outras árvores protectoras. Formulando ainda o seu agradecimento e os seus desejos a Nammu, deixavam o seu ser passar para o mundo dos sonhos.

Como Começou o Ser Humano a Separar-se de Nammu, a Criadora dos Mundos

O Encontro com Newar

Tinham passado algumas semanas. Algumas das jovens tinham tido os seus primeiros sonhos de iniciação e a serpente tinha-lhes aparecido e dado indicações sobre os primeiros passos a dar para se aproximarem da essência do amor pessoal. Cada uma delas entrou para o meio do círculo e foi ouvida pelas guardiãs do templo do amor. A primeira festa de encontro entre os rapazes e raparigas em formação tinha decorrido e estes dançaram até de madrugada. Tinham sido apresentadas danças e poemas de amor e algumas das raparigas tinham conseguido levar o rapaz dos seus desejos até à floresta, para praticarem as primeiras artes do Eros emergente. Com esta festa tinham apelado à força da Primavera, para que a Deusa da Primavera espalhasse também este ano os seus poderes de crescimento e a sua abundância sobre a Terra. A próxima grande festa, a festa da plenitude e do Verão realizar-se-ia em Junho durante o solstício de Verão. Contavam que neste ano alguns seres se anunciassem, para entrarem de novo na Terra na próxima Primavera.

Tamara, Vatsala e Newar tinham escutado profunda e atentamente os relatos das adolescentes, dando-lhes elogios, advertências ou indicações suplementares acerca de como cada uma devia proceder para que o Eros que emergia no seu corpo pudesse florescer. Entretanto, a Lua tinha-se escondido mais uma vez e algumas das raparigas tinham-se retirado para o local das mulheres e do nascimento para se dedicarem à força purificadora da Lua nova, aguardando o poder vital e curativo do sangue doado e para trocarem impressões entre si. No tempo da Lua nova, quando as mulheres sangravam, permaneciam sempre juntas. Era um tempo de novo começo, de purificação do corpo e um tempo abençoado para os sonhos. No local encontravam-se sempre sacerdotisas conselheiras, onde as raparigas podiam procurar conselhos sempre que necessitavam. Particularmente nesta altura, apresentavam-se muitas vezes antepassados do mundo cósmico para anunciarem o seu retorno.

Entretanto a Lua estava de novo em quarto crescente, e, desta vez, tinha convidado Newar a continuar a história começada por Vatsala. Newar era mais pequena e delicada que as outras. Tinha escolhido caminhar desde o extremo Oriente até aqui ao sul da Europa. Tinha sido escolhida pela sua tribo e por Nammu para percorrer *longas caminhadas*, reunindo conhecimentos e, à sua passagem por países longinquos, informar onde este era necessário, associando-os e ligando-os de novo. Tinha visitado muitas tribos. O falcão voador era o seu animal guia, que a visitava em sonhos durante a noite, indicando-lhe sempre novos caminhos. Desde há um ano que se encontrava aqui, onde instruía os jovens sobre a história dos povos. Tinha também visitado a tribo no nordeste da Europa, onde a desgraça tinha aberto o seu caminho, e tinha sido incumbida de agora o relatar aos jovens. Desta vez, homens e mulheres iniciados, juntaram-se perto de um outro círculo de pedras, que era ponto e cidade de encontro para os povos nómadas, que vindos das mais variadas direcções se encontravam aqui muitas vezes. Frequentemente, representantes da tribo ausentavam-se individualmente durante vários meses e era aqui, nos quatro pontos cardeais, como chamavam a este local, que se encontravam comemorando com uma festa a alegria do reencontro. Os jovens rapazes e raparigas estavam sentados em círculo, ansiosos, rindo e conversando. Alguns trocavam entre si olhares comprometedores.

Quando todos se encontravam finalmente reunidos e, entre os presentes sentados, se espalhava paulatinamente um silêncio cada vez mais ansioso, Newar levantou-se para contar.

O Encontro entre Duas Tribos

Faz 20 luas que em sonhos o falcão voador me chamou até si e me enviou em peregrinação. Andei uma lua completa e uma lua nova seguindo os sinais do falcão voador. Este conduziu-me até aos rios da Deusa Camari. Daí, fui enviada para os grandes mares. Os homens da tribo Camari prepararam-me um dos seus barcos, aquele que acharam mais apto para navegar. Muitas luas decorreram, durante as quais fui levada pelas ondas. Pela primeira vez na minha vida, comi peixe. Este tinha sido enviado pela Deusa Nun, criadora das águas primordiais e devia ser comido por mim, para que eu absorvesse uma energia embrional das águas e a transformasse em palavras. Fui encaminhada pelo peixe a uma tribo, que necessitava urgentemente da sua mensagem de paz. A Deusa das águas primordiais e dos mares, da qual nascem novas vidas, tomou-me na sua protecção e acompanhou-me sobre os mares. Durante muitas luas não falei com ninguém, apenas tinha as gaivotas, os peixes e a essência dos sonhos em meu redor. Por vezes acreditava já ter perdido a ligação com falcão voador, tanto foi o tempo que passei nos mares. Uma hora passada no mar prolongava-se por muito mais tempo do que em terra entre pessoas e outros semelhantes. Os ventos conduziram-me sobre o mar às águas do norte, uma direção que o falcão voador escolhera para mim. Finalmente alcancei terra firme. Aqui esta era branca, fruto dos pequenos flocos brancos e gelados que bailavam do céu, algo que nunca tinha visto. Depois de ter caminhado dias a fio alimentada apenas pela luz de Nammu, que se me reflectia peculiarmente através da terra branca, encontrei um povo nómada com o nome de Narwan. Quando os vi, apercebi-me de que estes eram a razão desta longa caminhada, que deveria visitá-los e ficar a saber algo através deles sobre o que aqui tinha acontecido e que para Nammmu parecia ser difícil de transmitir através dos sonhos. Aqui tratava-se de curar e salvar uma energia e transportá-la para outras margens, para que Namu fosse poupada a um grande distúrbio. Para isso fui chamada pelo peixe.

Os Narwan têm uma origem diferente da nossa. Participam de outra maneira na realização do sonho da criação. Estão ligados elementarmente com a Terra material, de onde surgiram num tempo muito antes dos nossos antepassados se terem encarnado no planeta e de se terem dedicado à realização do seu sonho da criação. Os Narwan estavam há muito a caminho, em busca de alimentos. Estavam muito mais elementarmente dependentes da alimentação do que nós estamos hoje. Como para eles as coisas não eram conhecidas através da sua natureza espiritual, tinham de retirar alimento através de coisas materiais. Isto levou a que na procura de víveres, quando a terra não lhes oferecia muito por estar debaixo do manto de águas congeladas, começassem também a caçar animais para se saciarem a si e aos seus filhos. Também eles tinham sido iniciados pelos nossos antepassados na arte dos sonhos, mas era-lhes difícil interceptar os sonhos pois eram pouco permeáveis. Nos seus sonhos, eram chamados pela alma de vários animais e conduzidos aos seres que estavam prontos a deixar a Terra para servir de alimento aos Narwan. Antes e após a caça, oravam ao espírito colectivo dos animais para lhe agradecerem e dele receberem orientação.

Eram sobretudo os homens que iam à caça. Isso teve como consequência que a sua constituição se tornasse forte e muito alta. Tratava-se enfim da mesma força que os nossos homens desde há muito iam buscar à natureza espiritual dos seus sonhos, só que neles o processo decorria de uma maneira pouco consciente. Por os Narwan comerem animais, o seu corpo desenvolveu-se mais depressa do que o dos nossos homens. Para além disso, sucedeu que traziam a força dos animais em si sem terem conhecimento total das suas forças. Tal como para nós o alimento serve basicamente o prazer, e comemos primeiramente algo quando conhecemos a sua essência, eles, no entanto, alimentavam-se por necessidade, para fortalecer a sua força física, porque dela necessitavam. Isso tinha como consequência um desenvolvimento de que apenas vos falarei superficialmente. Vão ser necessários muitos anos até que todos nós recolhamos e compreendamos todos os detalhes desta história, pois aqui começou a concretizar-se um sonho próprio que não foi sonhado nem preparado por Nammu, mas antes por estes seres que o criaram através da sua própria liberdade.

Aconteceu que as figuras masculina da tribo, se foram apercebendo cada vez mais da sua força. Viviam de uma maneira mais simples e mais elementar do que os seres da nossa origem, mas estavam ligados ao mesmo sonho da criação, e através da ligação com Nammu adquiriam cada vez mais capacidades que também nós possuíamos. Certa vez um grupo de homens tinha-se posto a caminho. Andaram dias e dias em busca de víveres deixando as mulheres junto de uma fogueira, para que se pudessem aquecer a si e aos seus filhos. No seu caminho chegaram à tribo dos Wsalagi, nossos parentes. Já eram esperados, pois a sua chegada tinha sido anunciada à sacerdotisa do templo e também por se dever realizar um casamento entre uma mulher Wsalagi e um homem Narwan, para que as suas forças se aliassem, mantendo assim a paz.

Manu e Meret

Era agora a época das primeiras festas do amor, através das quais se espantava o Inverno e se chamava a Primavera. E assim se deu o seu encontro esperado. Um deles, de nome Manu foi o escolhido. Nunca antes estivera com uma Mirja, uma das futuras sacerdotisas da tribo dos Wsalagi. Através deste acontecimento especial, experimentou como representante da sua tribo um encontro sensual com uma mulher nomeada para o serviço no templo, que tal como nós, estava numa iniciação directa através de Nammu. Era costume dos Wsalagi oferecer acolhimento a forasteiros se estes assim o desejassem. Manu era muito bonito e alto. Meret era aquela, como já conhecem através do último relato, que oferecia de bom grado e alegria o seu corpo ao serviço do amor. Esta encontrou de imediato agrado em Manu e na sua força masculina. Para Manu, esta era uma experiência fora do vulgar. Era a primeira vez que era tocado pelo fogo resplandecente da força primordial feminina. Experimentou algo completamente novo neste encontro sensual com esta mulher tão bela. Durante o acto sexual, sentiu de repente despertar em si uma energia masculina, inflamada pelo fogo interior de Meret, que o fortalecia, alegrava e que o elevava de uma maneira nunca antes sentida. No momento em que a segurou nos seus braços só tinha um desejo: queria ficar com ela. Sabia que ela era uma futura Mirja, uma mulher que iniciava os homens no amor sensual. Fora escolhida como tal por Nammu e pelos anciãos da tribo. Sabia também que ela só podia prestar este serviço ao amor em certas alturas, quando a Lua a isso convidava e a tribo inteira tivesse deliberado que chegara a altura certa. Havia a possibilidade de passar vários dias perto de Meret, mas para isso necessitava de obter a autorização do conselho dos anciãos e seguir as indicações das sacerdotisas do oráculo da tribo.

Meret sentia-se também tocada de uma maneira profunda e invulgar pela energia e delicadeza do seu corpo e pela linguagem bonita e sensual que ele lhe sussurrava aos ouvidos. Parecia ter aprendido e exercitado a arte das canções de amor em terras distantes, e o som ondulante da sua voz profunda fez iluminar a esfera interior de Meret, mesmo antes de ele a ter penetrado com o seu falo. O sonho do amor pessoal tinha-se aguçado no seu ser, de modo que todo o seu corpo era como um botão de flor cheio dele, que a cada momento estivava prestes a abrir e florescer em todo o seu esplendor e beleza. O toque masculino fora do comum punha todo o seu corpo a tremer. Ela entoava a sua canção de amor e Manu, dedicadamente, escutava a sua melodia.

A Advertência da Sacerdotisa do Templo

M*eret fora explicitamente avisada pela sacerdotisa do templo, Bechet, para proteger agora prudentemente os seus sonhos. Um sonho de Meret mostrara-lhe que se encontrava em perigo. «Fica atenta aos teus sonhos, pois pode acontecer que uma energia se infiltre neles, que te seduza cedo demais a abrires o teu botão em repouso e a entregares o teu coração a um poder masculino desconhecido. Enquanto ainda não chegar a altura adequada, o homem dos teus desejos ainda não pode aguentar a esfera luminosa no interior do teu coração e do teu corpo, e ainda não tem a força para protegê-la e cuidá-la sem esforço e amá-la permanentemente. Ele irá sentir que o seu falo se irá excitar pela tua plenitude flamejante, mas que não está à altura desta. No entanto, através do contacto com ela irá sentir uma nova força em si, a qual não vai querer perder. Como que por magia, vai sentir-se atraído pela tua plenitude. É de certo modo uma força emprestada. Ele vai arrancá-la para si e querer apoderar-se dela sem se aperceber que através disso está exactamente a matar a semente do amor recente. Mas tu, irás deixar-te inflamar pela sua paixão e força crescente. O desejo irá acender-se tão fortemente dentro de ti, que não te vais sentir à altura. Não vais conseguir controlar a esfera luminosa, irás perdê-la e entregá-la ao homem. Contra a tua própria convicção, vais atraiçoar a tua posição perante toda a tribo, irás desencadear em ti e nele a crença no homem forte e simular-lhe que é algo que ainda não é, despertando assim* *antecipadamente a sua força de amor. Quando isto acontecer, a criação entrará em desequilíbrio e Nammu será perturbada no seu sono de criação. Todo o comportamento perante a Terra e a natureza alterar-se-á. Por causares o desejo ardente do homem, despertas nele simultaneamente uma fúria atroz. Os seres humanos vão necessitar de séculos para recuperar a esfera luminosa. O sonho do amor pessoal ainda não está preparado até ao fim»*, advertiu a sacerdotisa.

Embora Meret tivesse escutado atentamente esta advertência, pois gostava muito de Bechet e tinha grande admiração por ela, mostrava-se mesmo assim muito segura de si interiormente. Sentia-se protegida e forte. Estava preenchida de felicidade e de uma alegria antecipada pela experiência amorosa que lhe estava reservada e exercitava-se no serviço ao templo e na arte do amor, para estar à altura e equilibrar a força que se desenvolveria também no seu coração e à volta da esfera luminosa no seu centro. Nas suas danças do templo, sentia a esfera nítida e resplandecente a arder no seu corpo. Era uma das bailarinas da serpente mais hábeis, as serpentes enroscavam-se no seu corpo como se fizessem parte do corpo dela. Meret tinha desejado que Manu ficasse e pudesse entrar ao serviço do templo dos Wsalagi, para aqui aprender as artes e os costumes da tribo, mas a sacerdotisa do oráculo enviara-o em peregrinação por meio ano. Ele deveria prestar serviço às mulheres da sua própria tribo, ser gentil com elas, para ganhar maturidade e se tornar mais calmo na vida amorosa. Bechet avisara-o explicitamente acerca da sua própria impaciência, que o iria na realidade impedir muitas vezes de deixar crescer a sua força amorosa no centro do coração. Devia consolidar-se no seu coração para estar à altura da esfera luminosa no corpo de Meret. Depois, deveria voltar após um ano e entrar ao serviço do amor com Meret para aprender com ela.

Manu estava sentado absorto junto à fogueira e tecia o seu sonho acordado. Via Meret, dormindo a seu lado, a sua beleza e o seu corpo pleno. Cheio de espectativa de um acontecimento desconhecido, foi de repente assaltado por um desejo ardente e uma forte impaciência. Desejava esta mulher para si de uma maneira muito mais íntima do que até agora alguma vez tinha sido possível na vida da tribo. Viu os Schamanu, os sacerdotes superiores da tribo à sua frente, os quais tinham um acesso mais frequente e mais fácil a Meret. Porque é que se devia submeter, se sentia a afeição especial de Meret por ele? Via-a na sua fantasia, dormindo deitada a seu lado e foi invadido por um sentimento de amor e paixão até então desconhecido. Esquecera-se que este sentimento era uma mensagem de preparação e realização, da qual Meret já lhe tinha falado. Esquecera-se que era um aprendiz no amor, que tinha sido recebido na tribo dos Wsalagi como o novo aluno e que as artes do amor, que tinha de aprender, necessitavam ainda da passagem de algumas luas para se consolidarem. Esquecera-se que o sentimento que emergia nele, era o novo sonho e a semente do amor pessoal que fora sonhado por todos os elementos da tribo que entravam em contacto com Meret, que fora sonhado universalmente, e que ninguém poderia possuir para si. E esquecera-se que este sonho só se poderia desenvolver na sua totalidade passados alguns séculos, quando o espírito e o corpo do homem estivessem para isso preparados. Manu nem tinha reparado que era agora parte de um sonho da criação, no qual muitos estavam envolvidos e sobre o qual juntos agiam. Esquecera-se que o importante era percepcionarem-se reciprocamente, apoiarem-se e fortalecerem-se mutuamente. Porque é que se tinha de conformar com tais sonhos da criação da grande Nammu, se o desejo de realização ardia agora dentro dele? Não lhe tinha dado ela espírito, força e liberdade para realizar o seu próprio sonho do amor através da sua própria inteligência? Para além disso, sentia uma grande força e dinamismo dentro de si. Não era também Nammu que se fazia sentir? Não era cada ser humano um criador, e não podia sonhar o seu próprio sonho de criação pessoal? Porquê esperar até chegar o momento certo? Porque é que tinha de dividir esta Mirja com muitos quando podia, graças à sua força, tê-la só para si?

O Pensamento Emergente da Posse no Amor

O *pensamento de querer ter alguém só para si era completamente novo e era o mais perigoso de todos. A ideia de ter Meret só para si, dava-lhe uma sensação de potência completa. O que é que ele poderia contrapôr aos Schamanus de posições superiores, aos servidores do amor no templo que estavam eventualmente destinados a acompanhar pessoalmente Meret e serem seus amantes, senão a sua força física e a sua grande capacidade de criar uma intimidade afectuosa? Sentia a sua força e sentia pensamentos revolucionários emergentes contra o princípio de Nammu, da Mater, da eterna paciência e comunicação com tudo o que estava à sua volta. Ele sentia a força nos seus braços. Que aconteceria se graças à força que germinava dentro de si oferecesse resistência? Se encontrasse pessoas que partilhassem as mesmas ideias e que partissem com ele? Absorto nos seus pensamentos, olhava para as brasas do fogo onde se aquecia com os seus amigos e, nas figuras que as brasas no fogo desenhavam, via apenas uma imagem: Meret descansando a seu lado, não estando já no templo ao serviço de Nammu e não estando já há muito com outros homens. Sonhava em ser o seu protector, sendo ele mais forte do que ela. Assim caía por terra o último receio que sentia como um impedimento para a realização da potência desejada. A força nos braços para o fazer, já a tinha há muito tempo. Agora, era só uma questão de apropriação de um poder da alma. Não queria ter de voltar eternamente à Mãe e seguir as suas instruções. Sonhava que iriam ter filhos e que estes seriam gerados por ele, e só por ele. Não poderia ele convencer Meret e outros a formar uma nova tribo? Nos seus pensamentos via florescer* uma figura masculina, guerreira, robusta e forte, quase divina. Era como se lhe tivesse aparecido de repente uma figura divina masculina. Adivinhava vagamente a imagem de uma figura masculina, paternal e potente, que o atraía como que por magia. Na sua fantasia aproximava-se com cuidado mais uma vez de Meret, para não a acordar. Via-a deitada sobre o seu leito, as suas pestanas longas e escuras, os seus lábios carnudos, e observava cheio de desejo cada respiração sua. Queria ser aquele que a visita nos seus sonhos. Queria ser aquele que ela recebia nos seus sonhos como mensageiro. Em pensamento puxou o seu corpo cuidadosamente para si e, deixando o seu falo crescer junto às costas da adormecida, penetrou algumas vezes intensamente e com força no meio do sol radioso o corpo que repousava a seu lado, mais fortemente do que alguma vez houvera feito ou ousado imaginar. Esta acordava com gemidos de prazer e aninhava-se a ele. Ele sentia que tinha entrado num sonho agradável dela e que esta maneira de ser dominada fisicamente tinha ressonância no seu corpo.

Este acto ainda não se tinha realizado, os pensamentos que estavam com isso ligados ainda estavam escondidos, como um sonho vago. O amor e o respeito, força e adoração andavam de mãos dadas em busca de um novo caminho de realização. Manu sentia apenas como a fantasia deste sonho deixava o seu falo crescer. Que seria se este se tornasse realidade? Nele cresceu uma resolução. Queria ganhar Meret para si custasse o que custasse. Queria ser o primeiro a realizar o sonho do paraíso. Enquanto Manu sonhava tudo isto, tinha-se, sem se dar conta, esgueirado para o sonho dela. Meret sonhava com Manu, sonhava que lhe oferecia a maçã, o fruto do amor e da serpente. Ela não reparava na sacerdotisa advertente.

Era o princípio da revolução, uma revolução contra algo do qual se tinha vindo e que no entanto se queria mudar. Manu vivia tudo isto como o presságio de uma grande força e liberdade. Ele adivinhava novas e grandes obras de criação masculinas. Curiosamente, isto era acompanhado *pela sensação obscura de se querer apoderar da matéria no seu todo, isto é, libertar-se dela, tornar-se independente dela e desse modo apropriar-se dela. Pela primeira vez, surgia latentemente a ideia de se apoderar da mulher e com isso da criação. Manu esquecia-se com isso que ele próprio era uma parte de Nammu, que queria agora possuir. Esquecia-se que o seu desejo de realização do amor pessoal, embora fosse desejado e o seu sonho estivesse de facto inicialmente em harmonia com a matéria, com a própria Nammu, este só poderia encontrar realização amorosa quando ocorresse em harmonia com o todo, ou seja, no momento certo. Não estava consciente que precisamente através dos pensamentos de se apoderar deste sonho, o estava a destruir. Estava tão comovido e obcecado, que não se apercebeu por nenhum momento que por detrás disso se intensificava a sensação de agir de um modo proibido e que de momento, só ganhava auto confiança na medida em que se esquecia que Nammu era a sua origem e a sua fonte – sim, na medida em que até se quisesse esquecer conscientemente e lutasse contra a sua própria memória advertiva.*

Neste ponto obscuro da sua obra criadora, os primeiros seres humanos da tribo Adam Kadmon, que se tinham encarnado conscientemente através de energia espiritual, tinham pensado tarde de mais na consequência mais vasta que isso implicava. Era a sua intenção e finalidade, quando sonharam a matéria, que tudo nela tivesse o seu próprio sonho de criação e a sua liberdade. Tinha-lhes passado despercebido que aí também se encontrava a possibilidade do homem se catapultar da totalidade da criação e que o desejo era provavelmente o motor que provocava e até acelerava este processo.

Quando as sacerdotisas descobriram este erro e o perigo emergente, fizeram tudo o que era necessário para permitir a sobrevivência da Mater e da realização do seu sonho amoroso, sem medo. Nammu, através dos antepassados, tinha dado às pedras, às plantas e aos elementos uma memória das origens da criação. Agora, mais do que nunca, temos de cuidar que esta memória seja instruída e cuidada. Por esse motivo foram erigidos círculos de pedras nos mais variados lugares da Terra. Todavia, sabemos agora que em alguns seres humanos, devido ao seu desejo incansável de emancipação e de objectivação das coisas, o grande esquecimento se irá impôr.

Na medida em que o ser humano queria aprender a escrita e a arte, começava ao mesmo tempo a perder a sua memória. Ao exteriorizá-la, já não necessitava dela no interior. O nosso receio revestia-se de uma dimensão maior do que os nossos antepassados tinham previsto. Tivemos de observar ao longo do tempo que o ser humano tinha também a liberdade e a possibilidade de matar a Mater, Nammu, quando se esquecesse totalmente da sua origem. Com isso, poderia também aniquilar-se a si mesmo e a totalidade do sonho da criação do paraíso sobre a Terra.

Estamos hoje perante uma grande tarefa. De alguma maneira, temos de conseguir proteger a memória de Nammu. Temos de conseguir desenvolver métodos que despertem a memória dos esquecidos, nem que seja muito mais tarde, quando a vida na Terra estiver desde há muito em jogo. O interesse e a lembrança de que há só um ser, o amor universal original do qual todos os viventes provêm, tem de ser mantido por nós. Quando o perigo se tornar grande demais iremos simplesmente render-nos, pois não vamos deixar que a violência se intrometa no nosso sonho de criação. Mas antes disso, temos de proteger este sonho e cuidar de que possa continuar a ser materializado, podendo realizar-se nos seus princípios germinadores. Voltem de novo amanhã. Estejam aqui a tempo quando o sol se despedir. Quero reunir-vos na altura do pôr do sol para que juntos possamos fazer uma oração de graças a Nammu por nos ter ajudado a proteger e continuar a sonhar o sonho germinante do amor. Continuarei a contar da história, para finalizar. É importante que até à próxima Lua cheia conheçam a história toda e que tenham recebido o vosso próprio sonho, que vos transmitirá qual o vosso contributo para protecção e crescimento do sonho do amor pessoal emergente.

O Fruto não Era Proibido,
mas Comeram-no Cedo Demais

O Golpe com a Coxa

Deixemos Newar continuar a contar como o ser humano caiu cada vez mais do grande sonho da totalidade da criação e como através da sua própria criação, o mal chegou ao mundo.

O sol aproximava-se do horizonte a ocidente e irradiava tons vermelhos. Já se viam as primeiras estrelas no céu. Os membros da tribo, tanto anciãos como novos, tinham-se reunido à volta do cromeleque para escutarem a energia relatadora de Newar. Desta vez a tribo inteira estava reunida, apesar dos anciãos já conhecerem a história desde há muito. Queriam enviar juntos a sua força na oração ao pôr-do-sol, com o pedido de energia e protecção para o verdadeiro conhecimento. E Newar começou a contar:

Tinha passado quase meio ano. Manu tinha obedecido às indicações da sacerdotisa Bechet e tinha-se mantido afastado. Mas durante este tempo tinha feito de tudo para dar força e alimento ao seu novo sonho emergente de força e intolerância e de não seguir a advertência de Bechet. Por mais algumas vezes, olhando absorto as brasas no fogo, projectava imagens de tudo o que poderia alcançar se não escutasse Nammu por mais tempo.

Um dia Manu afastou-se de novo juntamente com um grupo de rapazes da sua tribo. Vaguearam alguns dias nos arredores, para juntos colherem mantimentos para o Inverno. Os frutos já estavam maduros, eram abundantes e havia bastante para colher. Preparavam a festa da terceira lua, a festa da fertilidade, do eterno retorno e de agradecimento à Mater. Colhiam frutos fermentados e mordiscavam-nos, pois sabiam que estes frutos concediam um estado espiritual apetecível. Enquanto seguiam pelo seu caminho animados, descobriram um búfalo morto que tinha acabado de deixar aqui a sua vida. Ao lado estavam vários ossos antigos de um outro búfalo que já tinha morrido há bastante tempo. Este parecia ser o lugar que certos animais procuravam no momento da sua morte. O búfalo era um animal sagrado. Embora os Narwan tivessem começado também a caçar animais em períodos de escassez alimentar durante o Inverno, nunca tinham até hoje matado um búfalo. Assim, estes animais procuravam um lugar tranquilo para morrer em paz, quando tivesse chegado a sua hora. A maior parte das vezes, eram lugares nos quais outros animais tinham morrido antes deles. Manu na sua exuberância tirou uma coxa, um osso da perna branco e grande, balançou-a e sentiu uma força descontrolada apoderar-se de si. Esta força era semelhante à que recentemente tinha sentido na sua fantasia, mas agora sentia-a directamente em todo o seu corpo. Esta era acompanhada de novos pensamentos masculinos, que ele agora fortalecido pelos efeitos dos frutos fermentados, também já não reprimia perante os outros homens. Começou, com a sua voz forte e profunda, a falar de Meret e do seu sonho de a conquistar para si. Os outros homens sentiam-se contagiados e riam com ele. Explicou-lhes como a iria obter para si, como a conquistaria contra as advertências das sacerdotisas e dos anciãos da tribo. Exuberantes, dançavam à volta do búfalo, cantavam e celebravam o seu poder desenfreado, a sua força e agilidade. Comiam cada vez mais dos frutos fermentados, que aumentavam ainda mais a sua força e exuberância.

Um grupo de jovens de outra tribo aproximou-se. Ao longe tinham escutado as explicações de Manu, visto os seus movimentos e a sua espécie de dança fálica, guerreira. Um deles chamou com ar decidido a atenção de Manu de que com esta dança estava a ir contra os mandamentos da Deusa e que não era permitido perturbar o búfalo em descanso no seu sono de morte, levando simplesmente os seus ossos. «Os seus ossos são um ponto de orientação para as almas que quiserem encarnar novamente. Tem um significado e importância profundas, onde, quando e como foram deixados», advertia ele. A voz do jovem tremia, pois parecia estar indignado com aquilo a que assistia. Era da tribo dos Wsalagi e Manu ficou assim a saber que estes se encontravam bem por perto. Manu reconheceu-o como um futuro Schamanu em formação. Sabia que ele já havia recebido Meret por várias vezes para lhe dar o apoio sensual de que necessitava no seu caminho do amor. Manu sabia que este jovem tinha uma posição importante dentro dos Wsalagi. Sabia também que ele o excedia em conhecimento, mas não em força física. Provavelmente, as sacerdotisas da tribo tinham elegido precisamente este jovem Schamanu como futuro amigo íntimo e amante de Meret. Talvez ele soubesse como visitar Meret nos seus sonhos de amor pessoal. Este pensamento atravessou-o como um raio. «Ainda vou ter com vocês amanhã e farei uma visita a Meret, mesmo que segundo Bechet ainda não seja o momento adequado. Bechet está apenas com ciúmes de todos os homens desejarem Meret, já que o seu corpo envelhece e já não serve para o sonho de Nudime, a Deusa do amor pessoal da romã», gritou exuberante. Sabia que não era correcto o que estava a fazer, mas ao fazê-lo, ao transgredir a ordem de veneração dos anciãos da tribo, desapareceu-lhe também o receio das suas células, dando lugar a uma energia potente que ele desejava e pela qual sabia que a mulher ansiava. «Tem cuidado com aquilo que dizes», gritou o jovem enraivecido, «se continuas assim, Bechet vai recusar-te a visita a Meret.»

Aqui só se encontravam homens. Não se encontrava a mão auxiliar ou apaziguadora de uma jovem sacerdotisa que pudesse reconciliar a contenda. «Também tu estás apenas ciumento por ainda não possuíres a mesma força e poder que eu.» gritou Manu. O rapaz empalideceu. Pôs-se à frente de Manu e pediu-lhe insistentemente para colocar de volta os ossos no seu local de repouso. No interior de Manu aconteceu algo que nunca tinha sucedido, era como se seguisse uma magia interior completamente nova. Levantou a coxa e dirigiu-se de braços erguidos, sem qualquer explicação, em direcção ao outro grupo. Algo de inacreditável sucedeu, algo incalculável, um acontecimento que ninguém antes tinha conhecido. Manu parecia tão poderoso e forte com a coxa erguida que o grupo de homens à sua volta recuou estupefacto, com uma expressão no olhar que sinalizava algo semelhante ao medo. Em Manu, embriagado pelos frutos, aumentou uma nova sensação de poder e força. A força autonomizava-se. Avançou de encontro ao rapaz que o olhou pela primeira vez com medo mas ainda sem recuar para trás e bateu-lhe com a coxa erguida.

O Nascimento do Medo e da Violência

Algo horrendo e imprevisto acontecera. O princípio do medo e da violência tinha nascido. Era um sonho que se tinha autonomizado. Nenhum dos seres da criação que queriam realizar o amor o tinha planeado, apesar de já o terem previsto há algum tempo. O princípio da independência, de se estar separado da totalidade da criação, e o princípio do poder tomaram o seu rumo, produzindo na obra da criação milhares de anos de desvios.

Manu, com a coxa na mão, estava ele próprio com as pernas a tremer perante o sucedido. Ainda não se tinha apercebido do que tinha acontecido. Sentia-se desenfreadamente forte e livre e queria saborear esta sensação. Os que estavam à sua volta, encontravam-se apoderados por um sentimento que até então ainda não tinham conhecido. O seu olhar espelhava medo e indignação. Como que paralisados, ficaram ali por uns momentos em pé. Manu, com a coxa na mão, sentia-se ainda mais encorajado. Sentia crescer em si um abrir do caminho para um poder embriagador. Começou a dançar numa espécie de transe, deixando-se levar pela força do seu corpo completamente desprovido de pensamentos até os *restantes homens fugirem dali indignados. Isso levou-o a uma primeira reflexão. Manu sentou-se e fez uma fogueira. Ainda não sentia qualquer arrependimento, mas apenas a sua força poderosa e masculinidade. Comeu da carne do búfalo, que ainda estava relativamente fresca. Também esse era um acto que nunca antes tinha cometido. Nunca um homem tinha comido carne de búfalo sem que houvesse uma razão óbvia para tal. Isto era um ultraje contra as leis internas da vida de Nammu, contra a sua respiração e o seu amor abrangente por toda a existência. No momento em que o fez, surgiram nuvens negras e uma chuva intensa caiu. Era como se Manu fosse coberto pela tristeza desenfreada de Nammu, por ter sucedido o que ela sempre temera. Também Manu era agora tomado pela tristeza, pois lentamente começava a aperceber-se do que tinha ocorrido. Os seus pensamentos revolucionários emergentes levaram-no a actos que até há pouco não tinha sequer sonhado .*

Porque Manu fizera tudo isto, algo de terrível sucedeu: Este aniquilou uma parte da sua própria memória, uma parte do seu próprio contributo nas leis do amor da criação. Matou a consciência animal em si próprio e interiorizou apenas a sua força instintiva desprovida de consciência. Algo no seu espírito morreu, o mais tardar naquele momento. Sem saber o que tinha acontecido, caíu numa tristeza apática. Era a primeira vez que sucedia, um ser humano utilizar a sua força e beleza exuberantes contra Nammu. Com isso ela teria de se fechar nos seus segredos para com ele, durante muito tempo. Cada pessoa podia, em contacto com Nammu, pedir e receber todas as forças concebíveis, mas isso nunca era arbitrário. Esta força estava sempre ligada com o sonho das coisas e do mundo à volta de cada um. A novidade era que Manu experimentava esta força conscientemente e sentia-a como inteiramente sua, como uma força que havia conquistado sem estar em contacto ou harmonia com ninguém. Não tinha de perguntar, pedir ou ter consideração por ninguém. Era a sensação de independência e de poder sobre os outros com que ele se havia embriagado. Também o tinha embriagado, o facto dessa força o levar emocionalmente mais depressa ao seu objectivo interior de se apoderar de Meret.

A Conquista – Meret Oferece a Maçã

Lentamente, o efeito dos frutos foi-se atenuando. Apático, estava ali sentado. Sabia que a tribo dos Wsalagi iria ficar a saber do seu acto e que provavelmente lhe iriam recusar o acesso a Meret. Estaria agora perdido o sonho de ter Meret só para si? Bechet iria mandá-lo embora pelo menos por mais meio ano, pois este não tinha fortalecido a energia do coração e estava agora rendido à energia da impaciência. Agora já não podia voltar atrás. Agora teria de dar provas. De noite, quando todos dormissem, iria entrar sorrateiramente no acampamento. Iria ter com Meret, acordá-la e convencê-la a ir com ele. Ambos deixariam a sua tribo e iriam procurar um novo lugar para o seu futuro. Comeu mais uma vez uma mão cheia de frutos para ganhar coragem e rastejou em direcção ao acampamento dos Wsalagi. Viu que o fogo ainda ardia. Sem fazer barulho, aproximou-se por entre os arbustos, de maneira a poder distinguir as suas vozes. Tinha aprendido a arte da aproximação sorrateira como nenhum outro da sua tribo. Viu um grupo de anciãos e Meret reunidos à volta do fogo. Meret parecia cheia de tristeza. Ele ouviu-a dizer: «Eu protegi e formei a minha esfera luminosa para Manu. Bechet, eu apelo à força da tua bondade e sabedoria. Dá-me a autorização para poder receber Manu no fogo da fertilidade. O meu fruto está mais que maduro, não posso nem quero esperar mais.» Bechet avisou paciente e séria: «Já me pediste duas vezes. Não posso recusar o teu pedido uma terceira vez, pois a lei sagrada da criação de Nammu diz que cada pessoa tem o seu livre arbítrio. Mas ainda te digo uma última vez: A tua maçã ainda não está madura. Espera até ao próximo ano, até a tua árvore estar carregada de frutos que tragam a verdadeira maturidade dentro de si. É difícil. Mas vai e fica de vigília à noite e liga-te com a serpente da força da virtude. Ela vai ajudar-te. Não irás perder Manu, pois estão destinados um ao outro. Mas ele necessita agora da energia curadora da paciência, e essa só a irá encontrar quando lhe prometeres a maçã para o ano vindouro. Ele ainda tem muito que conhecer. Está atenta, senão ele irá sempre ter de simular a potência desejada através de pensamentos de poder e de conquista. Não serão os pensamentos do amor ou da adoração que irão erguer o seu falo, mas sim os pensamentos de destruição e de aniquilamento», avisava Bechet. «É tempo para a noite. Vão para o vosso leito, e tu Meret, visita a tua árvore do conhecimento. Ela irá dizer-te o mesmo». Meret agradeceu e partiu. Manu ainda esperou até o fogo se apagar, depois esgueirou-se para o seu lugar sagrado, onde Meret tinha na infância plantado a sua árvore. Ela cantava a sua canção cheia de tristeza e devoção, cantava sobre Manu e a sua força masculina, os seus lábios macios e o seu falo magnífico como nenhum outro possuía. Cantava a sua saudade e pedia conselho à serpente da cura. Manu não podia esperar mais e rastejou até ela. Ao vê-lo, toda a tristeza desapareceu. Esqueceu-se de esperar pelo sinal da serpente, tomou a presença de Manu muito mais como um sinal, colheu a maçã que ainda não estava madura, estendeu-a a Namu e deixaram-se cair no solo. Seguidamente, Manu prometeu obedecer-lhe. Ela estava embriagada de felicidade amorosa e tinha, sem ter dado por isso, perdido a sua esfera luminosa já há muito tempo. Manu levava-a agora no seu coração, cheio de uma força exuberante, sem saber como isso lhe havia acontecido.

A Revolução Emergente contra Nammu

Tinha seguido fascinada a narração de Nammu e visto detalhadamente todas as imagens perante mim. Após este trecho, fui levada a uma espécie de transe histórico e percorri uma viagem através dos tempos, que era sem dúvida guiada. Já não era nítido se seguia a narração de Newar, que via estes acontecimentos perante si e já sabia de tudo, ou se seguia a informação das pedras, que se tinha aqui comprimido ao longo dos séculos. Em seguida gravei as minhas visões em cassete.

Após este acontecimento decisivo, um aspecto humano da nova criação masculina tomou o seu próprio desenrolar e obtia de si mesmo a energia criadora no universo. O que aqui aconteceu entre Manu e Meret, aconteceu também em outros lugares da Terra. Era um novo pensamento "formador de campo" que tinha dado entrada na criação. O princípio do caos introduziu-se na matéria e inundou-a com uma força destruidora. Este novo princípio impôs-se por toda a parte, a par do princípio material da criação total. Muitos seres humanos ficavam insatisfeitos com a sua função nas suas tribos. Empertigavam-se contra as regras do jogo da criação total, da matéria. Porquê falar com árvores, animais e plantas quando através do poder sobre os outros se chegava mais rapidamente ao seu objectivo? Porquê dividir tudo quando também se poderia possuir algo? Porquê perguntar prolongadamente quando se podia simplesmente levar algo? Porquê preocupar-se com o eterno retorno se através do poder sobre a morte se podia criar o medo? Porquê homenagear eternamente a grande Mãe quando também se lhe podia recusar as coisas e se podia obrigá-la à submissão? Porquê dedicar-se à natureza quando se podiam inventar coisas? Para quê amar uma mulher quando se podia também obrigá-la e possuí-la? A nova ideia de criação masculina espalhava-se por "formação de campo" por toda a parte. Os homens inventaram então o

Deus da guerra, e criaram os seus próprios altares. Criaram os arquétipos do Deus pai, irado e castigador. Juntamente com ele, queriam dominar os povos pacifícos. Um novo pensamento e uma nova acção tinham nascido. O medo da morte tinha surgido, e com isso surgia também a ideia de se poder decidir sobre a morte de outrém e, através disso, ter poder sobre ele. Era o nascimento de uma história cultural masculina autónoma. Tudo o que de alguma maneira lembrava a antiga cultura do amor e veneração à grande Mãe e à mulher, era perseguido, destruído e extinguido. O homem só estava à altura do sonho da energia sexual porque tinha substituido para si a verdadeira potência que ainda não conhecia, através de ideias de poder, opressão, de desprezo e de violência. Como a mulher, que aspirava a que o sonho do amor sexual encontrasse realização, ofereceu demasiado cedo a sua maçã deixando tudo isto acontecer. Há muito que ela já não estava no polo do amor, da bondade, da protecção e do cuidado sobre todos os viventes. Esta seguia agora o instinto de se submeter ao homem. Apenas tinha um pensamento: ter um homem só para si. Ali, onde a sua beleza e o furor ainda resplandeciam a sua ligação com a Deusa, onde ainda não estava preparada para efectuar este passo cultural da submissão, iria ser através dos séculos e dos milénios, com recurso aos meios mais brutais, obrigada ao silêncio.

A caça tornou-se num símbolo de poder. Os homens matavam animais pelo puro prazer de caçar. Assim espalhava-se como um vírus o novo estado na criação, o estado do medo, por toda a parte. Animais que sem lhes ter sido pedida autorização eram caçados, morriam com medo. O medo criava esquecimento. Desta forma existiam cada vez mais pessoas e animais sobre a Terra, que caíam do paraíso e já não podiam lembrar-se mais da sua verdadeira origem. As plantas voltavam com espinhos venenosos, que apontavam para os outros, para poderem sobreviver: o que outrora trazia consigo um grande poder curativo, era agora experimentado como veneno, assim que um ser vivo fosse apanhado pelo estado do medo.

Os animais desenvolveram o princípio da agressão contra espécies diferentes para assegurarem a sua sobrevivência. Assim também se instalou o princípio do medo, no princípio de devorar e ser devorado, o que outrora acontecia em ligaçao com a criação, em contacto com a confiança primordial e a partir desta.

Cada vez mais, surgiam tribos que se guerreavam mutuamente. Como o espírito humano tinha ficado vazio através do esquecimento, já não havia na vida de todos estes seres sobre a Terra nenhuma alegria. A inveja preenchia-os e tomavam cada vez mais para si o que outros tinham criado. Visitavam tribos que tinham desenvolvido a escrita em honra de Nammu, e também aquelas que sabiam construir casas. Assassinavam-nas e roubavam-lhes o conhecimento. Exteriormente, isto parecia um progresso, pois o ser humano era subitamente obrigado a fazer invenções, já que o contacto directo com a natureza estava desfeito. O ser humano tinha de se proteger. As cidades cresciam para grandes dimensões. Os homens forjavam armas cada vez mais complexas, usando para isso metais e pedras especiais. A matéria mostrava-se agora estranha e perigosa, pois já não entendiam a sua linguagem. Os elementos tornavam-se-lhes cada vez mais estranhos. Agora tinham de construir casas para se protegerem do frio. Tinham de comer cada vez mais para adquirir energia. Mais que tudo, o ser humano tinha de tomar para si aquilo que tinha perdido e esquecido. Aquilo que tinha sido feito inicialmente sempre por motivos de amor, por motivos de arte e de crescimento criativo, tinha agora de ser feito por uma questão de sobrevivência. Assim, estes chegavam mesmo a comer-se uns aos outros, por puro instinto de sobrevivência e por crenças ocultas. Como o ser humano já não se encontrava num estado de confiança, já não podia compreender o canto das pedras, dos ribeiros, dos rios, das plantas e animais, que agora choravam permanentemente o seu sonho de criação perdido. O ser humano tinha perdido o contacto com os seus próprios sonhos e com o seu próprio ser. Tinha também perdido o contacto com os seres do universo, pois tinha-se impertigado e intervido arbitrariamente contra o princípio do eterno retorno, esquecendo as suas próprias origens, deixando assim de conhecer a possibilidade de comunicação com a totalidade da criação. O ser humano tinha aprendido a abusar das suas energias de conhecimento. O tempo alterou-se para um pensamento de progresso linear, o espaço tornou-se apenas num receptáculo inanimado. Toda a matéria se tornou representacional e era agora reduzida a objectos sem vida que se podiam utilizar. A consciência para a unidade e concordância de todas as coisas tinha desaparecido há muito, e assim o ser humano permanecia na sua gaiola construída por ele próprio, sem saber mais onde encontrar a origem da energia do amor omnipresente. Mesmo depois de muitos terem morrido, alguns deles mantinham-se resolutos e esquivavam-se para as estrelas, para inventarem novas guerras de poder. Além do mais, abusaram da força de Sírio e das Plêiades. O que o ser humano não tinha entendido, era que com todos estes actos caminhava em direcção do seu declínio.

A Previsão de Newar

Depois desta viagem através dos tempos, aterrei de novo junto a Newar. Vi-a de novo perante mim, como falava para os que estavam sentados, e sentia-me como se também eu tivesse sido acompanhada por ela através das imagens precedentes, como se isso fosse também uma parte da sua narração e do seu conhecimento.

Newar teve de hesitar. Os ouvintes tinham primeiramente de digerir esta mensagem antes de poderem perguntar algo.

Desde que sucedeu esta desgraça, ficou claro que Nammu iria necessitar de milénios de caminhos indirectos para tratar a desgraça ocorrida e despertar novamente o sonho original do amor universal e sensual sobre o planeta inteiro. Milénios de loucura, destruição e cultura incorrecta eram as consequências deste erro. Para que pudéssemos corrigi-lo e continuar a desenvolver a informação de paz, os nossos antepassados construíram os cromeleques. Paralelamente à propagação da desgraça, o nosso sonho, o sonho de criação de Nammu irá continuar a ser desenvolvido, em silêncio absoluto. Por essa razão também estamos aqui. Agora já não temos muito mais tempo a perder. Os povos Narwan também se vão insinuar até nós. A certa altura, o nosso sonho só poderá permanecer protegido em segredo. Dentro de milénios, os seres humanos irão inventar máquinas, e irão mesmo com foguetões voar até à Lua, para lhe arrancarem os seus segredos. Vão venerar Deuses até que estes sejam também aniquilados. Teremos de proteger o nosso sonho e de o levar constantemente a novos lugares protegidos, para que este sonhe a sua realização. Deixaremos a nossa memória por toda a parte, que apenas poderá ser desvendada por aqueles que sonham o sonho do amor. Alguns de nós irão voluntariamente para outras estrelas, para a partir dali continuarem a desenvolver o nosso sonho de criação. Outros irão percorrer diversos lugares de força ao cimo da Terra, e apoiar Nammu na realização do seu sonho terrestre. Nammu irá eleger os seus próprios mensageiros e mensageiras. Ela irá continuar a desenvolver o seu sonho de criação até encontrar também uma resposta para o sonho de criação da violência dentro da matéria, de maneira a poder confrontá-lo sem ter de continuar a escapar dele. Nós ainda teremos de nos refugiar, pois o nosso sonho não pode ser tocado pelas forças destruidoras, ainda não está preparado para isso. Da ira sagrada crescerá a nossa nova força criadora. Esta não se irá associar nem à vingança nem ao ódio mortal, mas a um imenso poder brando da nova criação. Chegará o tempo em que nós e os nossos antepassados retornaremos à Terra. Como a violência se tornou uma parte integrante da criação total, também não vamos ser poupados de a conhecer. Quando os primeiros seres humanos a conhecerem profundamente e não se deixarem assimilar por ela, então pode começar a cura total. Nem o medo nem a vingança irão preencher os nossos pensamentos e corpos. Então, chegará o tempo de cumprir plenamente o sonho do amor pessoal em honra da criação total. A recordação do nosso longo passado irá ligar-se com a visão do futuro desejado e irá condensar-se num aspecto omnipresente, na alegria da criação e da paz eterna. Dar-se-á a grande festa da relembrança. Eles irão reconhecer-se, um homem e uma mulher, e irão encontrar-se de novo como parte e imagem semelhante da totalidade da criação, como parte de um grande romance. Aí, o sonho do paraíso do amor sensual poderá novamente revelar a sua dança completa. O desejo não nos irá por mais tempo arrebatar nas águas da impaciência, não nos cegará perante as razões do verdadeiro conhecimento e realização. Estaremos de novo cientes que cada olho desta criação é o nosso próprio olho discernidor. Nada ficará oculto e nada indiviso. O desejo será uma nota adicional na nossa canção da criação, que nos impulsionará permanentemente a ir para frente, guiando-nos sempre a novas margens. O desejo abre sempre novamente a nossa meta interior na criação, que nos leva à velocidade certa para a nossa perfeição, quando a seguimos atentamente.

Juntos, hesitaram. Passaram-se alguns momentos, durante os quais ninguém falou. Depois, levantaram-se e começaram a cantar. Cantaram uma melodia cheia de força e ritmo para pedir protecção e prestar homenagem à Mãe Terra, Nammu. Os jovens estavam agora completamente iniciados. Sabiam agora como lidar com a sua capacidade de amor e desejo, para que o sonho do amor sensual pudesse encontrar realização.

Longa Caminhada

Passaram-se séculos. A tribo no sul de Portugal continuou a viver pacificamente sem que ocorressem episódios significativos. Os membros foram, ao longo do tempo, aperfeiçoando o seu conhecimento, aprendendo cada vez mais a proteger-se contra os obstáculos que aparecessem. As futuras Mirjas exercitavam-se no aprofundamento e aprimoramento da arte do amor, pois sabiam da grande responsabilidade que tinham perante os homens. Cuidavam das romãnzeiras, que simbolizavam o nascimento da Deusa do amor pessoal. Através das danças da serpente, da arte do sonho e por fim mas não menos importante, através do estudo da história de Manu e Meret, exercitavam-se na arte de manter em equilíbrio a energia do amor no corpo e na alma, de maneira a que os seus sonhos, e, paralelamente, os sonhos de Nammu pudessem ser cumpridos.

Começaram a exercer a arte e o artesanato, não por necessitarem de objectos utilitários, mas para ofertarem aos mortos objectos bonitos para ornamentar os seus túmulos. Faziam isto também para aqueles que iriam, muito mais tarde, encontrar estes objectos, para deixarem certos vestígios da sua cultura, através dos quais os seus descendentes se pudessem lembrar da sua origem. Para eles era claro que, entretanto, em nome da História, outras estruturas de lembrança e outros sinais completamente diferentes se sobreporiam, que trariam à memória primordial, que no fundo não necessitava de quaisquer sinais, confusão e pistas desorientadoras. Toda a cultura, fosse a pintura artística, os vasos de terracota, ou ainda a escrita, desenvolveram-se a partir da ideia de que se tornaria cada vez mais importante criar sinais que apoiassem a memória. Assim, os cacos e vasos de terracota eram também um apoio à memória para os mortos, para estes se recordarem do local onde tinham deixado a Terra e para servir de orientação quando quisessem voltar noutra altura. Estes sinais deviam facilitar a transição de um reino para o outro.

Desde o começo dos disturbios na Terra, tinham de lidar muito mais cautelosamente com a protecção da informação e da memória. Assim tinham também começado a colocar cada vez mais sepulturas, o que anteriormente não era habitual. Alguns sabiam que estariam ausentes por muito tempo, pois a desgraça tinha começado a espalhar-se constantemente sobre a Terra. Alguns deles regressariam mais cedo, para reencarnarem nos chamados povos civilizados; povos esses que estavam rendidos ao grande esquecimento, ao poder e à ânsia da guerra. Sabiam agora que fariam isso porque tinham a tarefa de continuar a proteger o conhecimento na Terra, até onde lhes fosse possível, para que o sonho do amor não fosse totalmente esquecido e pudesse ser continuado, apesar do perigo e dos distúrbios. Decidiram voltar em determinados momentos, apesar de saberem que corriam o risco de cair no poder do esquecimento, tendo de se orientar de novo por completo na Terra. Para isso criaram os muitos lugares de pedras e fizeram desenhos com figuras que deviam aglomerar um conteúdo espiritual. Queriam ajudar com toda a sua energia, para que as feridas abertas pudessem sarar ao longo dos tempos através do conhecimento. Entenderam ser a sua tarefa salvar completamente, em muitos povos, a memória sobre os tempos. Neste sentido tinham entretanto trabalhado mais de um milénio na informação dos cromeleques, para cada vez mais aperfeiçoarem a sua rede de informação, pois sabiam que ele transmitiria, conduziria e protegeria uma informação sólida através de alguns milénios. Para eles, era extremamente importante deixar uma informação «livre de medo» sobre o conhecimento da comunidade, que deveria permanecer eficaz e legível durante as próximas gerações. Eventualmente, o sonho de Nammu estaria tão maduro, que os protectores da paz necessitariam dessa informação para transmitirem uma nova cultura da paz.

Estava-se no ano 6000 antes da nossa era. Aí aconteceu que a sacerdotisa do oráculo, que segundo a tradição da tribo se chamava Bechet, convocou toda a tribo. Ela tinha tido um sonho importante que a impelia urgentemente a agir. A princípio apenas chamou as três jovens sacerdotisas do oráculo, Newar, Tamara e Vatsala. Estas tinham tido a mesma espécie de premonições e assim resolveram reunir o conselho dos anciãos inteiro para conferenciar. Bechet tinha sonhado que os povos guerreiros se aproximariam. Hoje chamam-lhes «povos Kurgan».

«*Temos de proteger a Terra, um grande perigo ameaça-nos. Uma onda de matança assolará a Europa e outros locais da Terra, o que acentuará ainda mais o grande esquecimento. Novas religiões surgirão. Se isto se mantiver, ninguém se interessará mais por Nammu, pelos antepassados e pela nossa obra de criação conjunta. Os seres humanos afastaram-se tanto do sonho de criação que começaram a amaldiçoar Nammu. Criaram Deuses da guerra. Começaram a desprezar as mulheres e a espezinhar os seus segredos da criação. Eles sabem da nossa tradição dos sonhos e tentam influenciar os nossos sonhos com energias obscuras. Já conseguiram até arrancar um segredo no centro dos antepassados, na constelação de Sírius, e abusar dele em nome dos Deuses guerreiros masculinos. Assim conseguiram levar tribos inteiras em África a circuncizar o seu orgão genital, na crença de que os guerreiros dos Deuses da guerra ganham com isso poder e potência. Criaram altares e espaços religiosos onde as mulheres já não são autorizadas a entrar. Desprezam quase tudo o que para nos é sagrado e o que mantém Nammu e as suas energias vivas*».

As outras sacerdotisas do oráculo confirmavam o sonho, nelas indícios semelhantes tinham-se anunciado. Sabiam agora que tinham de se aliar com as tribos espalhadas pelo mundo inteiro, que protegiam o sonho da paz.

«Temos agora de agir com extrema sabedoria e precaução. Vamos fazer três dias extraordinários de vigília e de jejum para sabermos de Nammu o que fazer agora», ordenou Bechet. Em situações de decisões extraordinárias, Bechet gozava da confiança total da tribo e tinha a autoridade para tomar decisões. Tinha-se evidenciado ao longo de muitos anos através da sua arte de antever e de cuidar dos sonhos, e não havia razão para ninguém para duvidar da sua autoridade natural. Assim sucedeu que todos os membros da tribo fizeram vigília durante três dias e três noites. Sabiam que era agora extremamente importante tomar muita atenção ao que lhes seria transmitido. Protegiam o fogo das visões e limpavam o seu corpo com plantas. O sonho de cada um era agora de extrema importância, pois nada devia escapar-lhes em relação à informação total. Cada membro e peça de puzzle era de um valor elementar. Já há muito que estavam preparados interiormente para este acontecimento.

Passados os três dias, encontraram-se à meia-noite para deliberação, quando a Lua estava cheia e redonda no céu. Sabiam agora que tinham dado entrada no que já há muito se tinha anunciado. Dariam início à longa caminhada. A sua tribo iria dividir-se pelos quatro pontos cardeais, para se juntar aos povos que desde há muito já conheciam dos seus sonhos. Deixar-se-iam guiar por Eurynome, que significava algo como longa caminhada, cujo nome os gregos antigos atribuiram também a uma das suas Deusas. Euronyome personificava o aspecto da mulher serpente de Nammu, que devia trazer o amor sensual à luz e assegurar e consolidar a sabedoria na Terra. Isso deveria realizar-se agora através de longas caminhadas. Todos tinham recebido indicações específicas, cada um sabia o que havia a fazer. Durou até ao amanhecer até que reunissem todas as informações, até saberem por quem cada um seria acompanhado e em que consistia o seu símbolo de protecção e energia. Agora podiam ter uma imagem.

Após todos os preparativos estarem concluídos, reuniram-se mais uma vez para informarem todos sobre as suas resoluções. Os anciãos da tribo tinham recebido indicações para ficar, cuidar e proteger o cromeleque de maneira a que a sua memória permanecesse ilesa. Caso os povos kurgan se introduzissem até aqui, eles despedir-se-iam de livre vontade. Como não tinham medo da morte e como todos sabiam que se voltariam a encontrar, não era para eles muito difícil tomar esta decisão e ficarem aqui sabendo disso. Não iriam permitir nenhuma violência neste local. Quisesse alguém fazer-lhes mal, conheciam os melhores esconderijos por baixo da terra e sabiam que seriam avisados a tempo através dos seus sonhos. Em caso de emergência, traziam também consigo uma planta que os levaria rapidamente ao reino da morte. Tinham ouvido de outras tribos amigas que os Kurgan utilizavam os métodos mais brutais para que, antes de morrerem, lhes conseguissem sacar os seus segredos. Queriam evitar isso a todo o custo. Pois ninguém entre eles devia transitar para o reino da morte num estado de medo. Era essa a condição absoluta para a protecção de todos os conhecimentos.

Tinham feito o seu serviço principal nesta vida, os seus descendentes tinham sido suficientemente instruídos no seu conhecimento, o cromeleque continha todas as informações necessárias e já não podia ser lesado pois tinha sido cuidadosamente protegido energeticamente. Ao mesmo tempo, ele era um testemunho directo da ferida primordial que ocorrera e que em tempos mais tardios viria a necessitar de cura, para poder continuar o sonho de Nammu. No conhecimento sobre a causa da ferida estava também o conhecimento para o seu tratamento. Pois segundo a sua mitologia da criação, encontrava-se o conhecimento de cura profundo de que todas as coisas tinham de retornar ao local de origem para que algo de novo pudesse começar. Na certeza de que tinham cumprido as suas tarefas essenciais, estavam preparados para a sua morte e alegravam-se com o tempo nas estrelas, com a disposição de voltar outra vez. Insistentemente, partilhavam aos membros da tribo os nomes de sonho da sua forma eterna, que normalmente eram guardados cuidadosamente durante o tempo de vida. Comunicaram também para onde pretendiam ir, quando sucumbissem. Normalmente, só comunicavam estes detalhes imediatamente antes da hora da morte. Com este procedimento, protegiam vários ciclos de vida e círculos de comunicação e tinham em atenção que estes não acabassem em desordem. Mas agora viviam um tempo excepcional e agiam de acordo com ele.

Um grupo de rapazes e raparigas tinha sido ordenado a caminhar até ao mar e aí prepararem um grande barco. Entre eles, estavam também dois que eram chamados de Meret e Manu. Tinham recebido propositadamente estes nomes para receberem a protecção e a cura dos seus antepassados. Eles tinham anunciado às suas mães antes do nascimento, na revelação, que eram aspectos da reincorporação e cura de Manu e Meret e que queriam voltar sob o ponto de vista da reconciliação. Queriam curar as acções de Manu e Meret na medida em que retomavam o seu desejo inicial, querendo dar-lhe um novo desfecho. Além disso, queriam empregar a sua energia e inteligência na salvação do conhecimento dos povos Kurgan. Como foram testemunhos do nascimento dos povos Kurgan e da violência no seu interior, tinham em si muito conhecimento de cura essencial. Foram recebidos por toda a tribo de coração aberto, pois pensamentos de vingança ou de castigo eram estranhos para esta. Em todas as tribos aparentadas, havia pelo menos um correspondente para Meret e um para Manu, que deviam curar e reconciliar este aspecto de Nammu.

Durante meses construíram um barco em conjunto. Era o maior acto de trabalho manual que já alguma vez haviam realizado. Um grupo de doze homens e mulheres devia fazer-se ao mar e levar o conhecimento a uma ilha que estava situada centralmente, que já antes conheciam dos seus sonhos. Esta era a ilha a que hoje chamamos Malta. Ali deviam ajudar a construir uma escola de protectores da Paz. Tratava-se acima de tudo da escola de Mirjas, do conhecimento da cura do amor. Parentes da tribo de várias zonas deviam ali chegar para proteger, desenvolver e reforçar o conhecimento. Tinha-lhes sido anunciado que Malta seria, durante alguns séculos, uma flor da sua cultura amorosa, que iriam ali continuar a desenvolver o conhecimento dos sonhos, da telepatia, da arte e acima de tudo o conhecimento do amor.

Um outro grupo de rapazes e raparigas devia caminhar sobre a terra e deixar-se conduzir num caminho até África, até aos habitantes da Eritreia e aos núbios, com os quais também desde há séculos estavam intimamente ligados telepaticamente, os quais estavam também ameaçados e necessitavam de protecção e reforço. Enquanto pela Europa e por outros estados a guerra se espalhava, tinham a tarefa de proteger e continuar a desenvolver a cultura pacífica. Eles iriam receber a revelação do seu caminho através das estrelas, dos sonhos e dos peixes entre os mares. Nun, a Deusa dos mares, acompanhá-los-ia.

Após terem construído ininterruptamente, durante muitos dias e muitas noites e as mulheres terem artisticamente arranjado tecidos para as velas que lhes dariam a velocidade para cruzarem os mares, estavam finalmente preparados. Celebraram ainda juntos uma grande festa, a grande festa que Nammu tinha experienciado com eles há muitos anos. Era a alegria e a tristeza que, ao mesmo tempo, dominavam esta festa. Apesar disso, a alegria sobrepunha-se neles todos, pois estavam cheios de gratidão por terem conseguido proteger o conhecimento até estes dias, o que não era de modo algum evidente, e estavam agradecidos por Nammu lhes ter dado indicações tão precisas sobre o que havia agora a fazer. Depois, os vários grupos, que tinham todos um aspecto e uma missão diferentes a realizar na cura do mundo, partiram nas mais variadas direcções dos pontos cardeais. Ninguém sabia se se veriam outra vez nesta vida, mas tinham todos a certeza que manteriam o contacto e que em algum momento se encontrariam de novo.

Acompanhámos o grupo que vagueava sobre os grandes mares, entre eles Manu, Meret e as três futuras sacerdotisas, Tamara, Newar e Vatsala. A sua tarefa era a de manter e proteger o oráculo, e conduzir espiritualmente os jovens. Encontravam-se ali também alguns dançarinos, dançarinas e futuras Mirjas, um astrónomo que sabia ler competentemente o vento e o tempo nas estrelas e algumas Númidas que conheciam as águas e que, vindas de terras longínquas, se tinham deparado com eles há algum tempo. Sabiam que a ilha já era povoada desde há algum tempo, que a arte do oráculo já era ali conhecida, que jovens nómadas da hoje Sicília tinham tornado a ilha habitável e a tinham explorado minuciosamente. Como oferta e gratificação, o grupo de viajantes levou uma pedra do continente em que tinham trabalhado, que representava o novo aspecto da Deusa – ela tinha tido, durante muitos anos, um lugar permanente junto do cromeleque. Passaram quase dois ciclos lunares sobre a água, mas tinham confiança absoluta de que Nun os conduziria no caminho certo. Cantavam, contavam histórias, sonhavam com o seu novo paraíso a que ansiosamente iam ao encontro, e cuidavam do amor sempre que achassem que era tempo disso. Newar, Tamara e Vatsala falavam muito sobre a construção do templo da mulher que queriam realizar, sendo esta a primeira tarefa que tinham de levar a cabo. Nun mostrava-se-lhes razoável, a viagem decorria calmamente, os mares eram favoráveis.

Passaram com ligeireza o estreito de Gibraltar e velejaram ao longo da costa de Marrocos e da Argélia, sabendo que ao atravessarem o cume da Tunísia, ao longo da costa da

Sicília, rumavam directamente a Malta. Depois de mais um dia e uma noite, desembarcaram ali onde é hoje a costa de Bugibbas. Em honra da Deusa Nun, em honra dos peixes entre os mares que os tinham acompanhado e em parte alimentado, seria anos mais tarde erigido um templo cujas ruínas ainda se podem ver hoje. Uma placa de pedra onde foram gravados três peixes recorda isso. Escolheram o três como número, que devia incorporar os três aspectos sagrados da Deusa Nammu e devia também recordar as três sacerdotisas do oráculo que tinham abandonado a sua terra natal para levar a mensagem de paz a terras distantes, de acordo com o signo dos peixes, e aí cuidá-la e deixá-la continuar a crescer até poder prosperar. O peixe ligava-se também com o aspecto de Sírio, pois a mensagem das constelações longínquas era desenvolvida e cuidada por seres submarinos que se ligavam ali com o ser de Nammu, da criação primordial.

Encontraram poucas pessoas em Malta e foram por estas acolhidas amigavelmente. Levaram a sua pedra como oferta, que recordava a sua terra natal no sul de Portugal, e começaram pouco a pouco a criar cuidadosamente uma amizade entre eles. Juntos exploraram a ilha e iniciaram a construção de um novo grau de cultura, que queriam formar de acordo com a linguagem dos insulares para honra de Nudime, o aspecto da Deusa do amor. Pequenas esculturas de uma Deusa feminina lembram-nos ainda hoje este grau de uma cultura inicial em Malta. A par das poucas pessoas que já viviam em Malta, encontraram um abundante crescimento da flora e rochedos amplos. Também ali as pedras eram veneradas como guardiãs especiais da memória terrestre. Havia também ali muitos animais, entre os quais pertencia uma espécie de elefantes, com os quais cedo travaram amizade, sendo por eles acompanhados em muitos dos seus caminhos. As pessoas que viviam em Malta tinham já começado com as primeiras criações de animais e eram assim acompanhados por porcos, ovelhas e cabras, os quais também mais tarde perpetuaram nas suas placas de pedra.

Em Malta surgiu uma cultura próspera do templo e do culto ao amor, das festas da fertilidade, da arte e da felicidade tranquila. Os seres humanos viveram aqui ainda mais de mil anos em paz e em agradecimento à Mãe Terra.

A Tarefa

Na altura do solistício de Verão visitei novamente o cromeleque em Portugal. Desta vez não tinha quaisquer perguntas em especial, era mais uma curiosidade que me tinha levado até ali, para saber se me aperceberia de uma energia especial durante a mudança do sol. Era também a minha gratidão e satisfação acerca da muita informação que recebi que me trazia ali de novo. Estava mais uma vez diante da minha pedra correspondente para a idade avançada e o conhecimento superior, e escutava no silêncio. «*Ainda tens de iniciar um novo livro neste Inverno. Escreve a experiência interior que fizeste, impulsionada por este cromeleque. Descreve a tua viagem visionária. Resume por escrito em primeiro lugar as tuas imagens, experiências e as tuas impressões do cromeleque. É importante que isto aconteça brevemente pois aqui nas redondezas a Terra está a ser destruída, muitas linhas energéticas e círculos de informação vão ser cortados e será em breve cada vez mais difícil invocar a história primordial. De seguida viaja até Malta. É importante que tu mesma experiencies que os teus sonhos são mais do que sonhos. Tu recebeste a mensagem que há muito queria ser chamada. Apercebe-te que os locais com que sonhaste ainda hoje existem realmente. Visita o local da sacerdotisa adormecida. Procura ali novamente o cromeleque e o templo com o qual tantas vezes sonhaste. Deduz as conexões que existem entre Malta e o cromeleque. Abre-te às informações que ali encontrares. Encontra de novo as pistas que te levam de Malta, a Creta e ao Egipto, à Núbia e Eritreia, à Índia, ao Tibete e aos mais variados lugares nesta Terra. Segue o símbolo do peixe, que vais encontrar nestes lugares, e tenta compreender a história desde os tempos primordiais de Malta e Creta até aos primeiros cristãos. Desvenda as informações mitológicas mais profundas. Vê como o impulso humano se manteve, mesmo através de tempos de opressão e como até hoje continua a abrir o seu caminho. Muitas vezes, estes são apenas sinais mudos. Agora, estes sinais mudos esperam de novo ser ouvidos e levados à linguagem. Aprende a perceber e a dar uma nova interpretação ao significado dos traços que estão por detrás de tudo aquilo que te acontece. Para isso tens de iniciar brevemente a tua primeira viagem. Dentro em breve mais viagens se seguirão.»*

Este convite foi tão claro e explícito que não me podia escapar dele de maneira nenhuma. Iniciei de imediato o trabalho desta missão. Reuni todos os registos já existentes para este livro e viajei nesse mesmo Inverno até Malta.

Em Malta seguiram-se seis semanas de *escola espiritual*. Com a maior precisão, recebi as indicações sobre o que havia a fazer. A orientação interior levou-me a todos os lugares que até ali só conhecia através dos meus sonhos e transes. Descobri em Bugibba as ruínas do templo que naquela época tinham construído em honra da Deusa Nun. Estas encontram-se no jardim de um hotel moderno. Vi, no meio do mundo moderno, a placa de pedra com os três peixes gravados, que me comoveram profundamente como se o seu espírito ainda agora falasse comigo. Nos primeiros dias foi difícil habituar-me ao ambiente instalado e à grande quantidade de pessoas com as quais me sentia sempre perturbada. Apesar disso, o acesso à fonte que procurava foi-se depois tornando cada vez mais claro. Passei muitas horas no templo. A minha voz interior conduzia-me com tanta segurança que apesar dos muitos turistas em cada templo, tive a oportunidade de passar muitas horas sozinha. Encontrei mesmo o acesso ao famoso Hipogeu, que já está encerrado desde há muitos anos e ainda ao templo que geralmente não é acessível a visitantes. Foi como um milagre, por toda a parte abriam-se-me as portas, como se há muito fosse esperada. O contacto com os locais foi-me fácil. Vi perante mim muitas imagens, perfeitamente nítidas, como se ainda hoje os membros da tribo vivessem por lá.

Todo o espectáculo da cultura histórica primordial juntava-se cada vez mais numa unidade conjunta. O conteúdo deste livro foi-se concluíndo e comprimindo numa clareza cada vez mais coerente. As últimas dúvidas no mandato de escrever um livro desapareceram. Trabalhei nesta obra quase como que obcecada.

   Depois de ter visto na realidade, perante mim, os lugares com que havia sonhado, tornou-se-me consciente a razão e a dimensão total do cromeleque e da sua história. Ao mesmo tempo, o meu bloco de notas foi-se enchendo de notas para o um próximo livro: sobre a vida, o apogeu e o declínio da cultura de Malta. Fiquei a saber nesse momento que a compreensão dos contextos da cultura histórica eram tão profundos e surpreendentes, que iriam transformar toda a minha vida. Não era apenas um conto de fadas, no qual recebia cada vez mais profundas compreensões, mas antes a minha «excursão» a Malta que desvanecia as últimas dúvidas em mim: Eu tinha revivido uma história real no cromeleque. O abalo acerca de ter realmente existido tal vida, exigia agora como consequência natural que prosseguisse a minha vida de maneira a que uma religação com esta fonte vital fosse possível. Era como se tivesse reencontrado as minhas próprias raízes. Tinha-me colocado ao serviço, ao serviço da Mãe Terra. Este serviço consistia em ajudar a que uma cultura pacífica pudesse surgir, e encontrar as condições entre as quais isso pudesse ser possível. O meu desejo de uma cultura e sociedade com valores de vida tinha adquirido novo alimento. Vi o emergir da possibilidade de uma vida paradisíaca no futuro, como uma esperança e luz interior no horizonte do meu espectáculo espiritual. Nunca tinha estado tão certa de como o futuro do ser humano sobre a Terra estaria dependente disso, da humanidade encontrar ou não a sua fonte, na memória de uma cultura pacífica. Para mim era como se o apogeu e declínio do planeta Terra se decidisse fundamentalmente através de sermos ou não bem sucedidos, em despertar novamente a memória da história primordial por «formação de campo». Isto levaria a muitas novas consequências. A capacidade do ser humano desenvolver de novo capacidade comunitária, ou de estar novamente em posição de entrar em contacto com os elementos e com os sonhos do universo, dependia disso. Muitas perguntas se fazem sentir, quando se ousa ter esperança outra vez. Seria possível desenvolver uma forma de sociedade na qual o amor sensual pudesse ser de novo a base para a própria vida e a religação com a nossa fonte sagrada? Seria possível construir uma cultura da *Deusa*, que não necessitasse de mais nenhuma religião, mas que antes representasse o próprio carácter sagrado da vida, uma cultura baseada na verdade, amor e confiança? Uma cultura que correspondesse ao desejo de amor e que impusesse como meta realizar e proteger o paraíso sobre a Terra?

O meu trabalho devia servir esta realização. Eu queria, se possível, deixar que muitos tomassem parte na esperança e no lar espiritual. Sabia que esta história trazia em si informações que poderiam levar o leitor atento a uma fonte própria, a uma energia transformadora. Os leitores deveriam, como eu, partir de uma nova confiança e força de acção, preenchidos pela submersão no mundo dos pensamentos desta obra. Tinha também consciência de, por nos encontrarmos nesta actual cultura de destruição e poder, qual a profundidade que teriamos ainda assim de desenvolver para dar espaço à fonte de energia que urge actualmente. Não havia nada nesta cultura que pudesse ficar inalterado. Só a confiança numa energia universal «formadora de campo» me tornava possível dedicar toda a minha atenção à energia que surge do novo, em vez de me deixar amarrar pelas energias da resignação e da violência, destruídoras da nossa cultura.

Uma semente está em posição de retirar energia da sua própria energia de crescimento, o que lhe possibilita romper até mesmo uma estrada de alcatrão. Agora, sentia que estavámos perante um processo semelhante. Recuperar as informações da história primordial, era a tarefa perante a qual nos encontrávamos. Descobrir e recuperar forças de «formação de campo», que introduzissem um novo futuro, era a consequência que daí nascia. Para isso era absolutamente necessária uma ampla educação nas energias da percepção e da confiança. Estava decidida, juntamente com outros espíritos empenhados, a construír uma escola na qual nos debruçaríamos sobre o conhecimento para a formação de uma cultura de paz no presente. Se uma cultura da destruição se pôde impôr através de «formação de campo», então era agora também possível descobrir e realizar pensamentos de «formação de campo» curativos. Novos ícones de energia surgiriam daí, dos quais não partissem mais uma cultura da espada mas sim uma cultura do amor.

Assim como no tempo em que o cromeleque foi construído se desenvolveu uma escola para os protectores da paz, também Tamera se deveria transformar num lugar no qual o conhecimento de paz pudesse ser recuperado, desenvolvido e ensinado. Daí resultariam novas formas de vida em conjunto, correspondentes ao espíríto do tempo actual. Um próximo passo importante seria estabelecer uma rede deste conhecimento com outros lugares de paz sobre a Terra. No futuro, será decisivo que indivíduos e grupos ocupados com a obra da paz possam trabalhar juntos em rede, produtiva e eficazmente, complementando-se mutuamente. Era como que se através disso pudéssemos criar uma rede de luz e construir pontos de ligação, através dos quais as informações de paz pudessem fluir livremente. Tal como outrora, também hoje tem de surgir um novo círculo de energia que tenha capacidade de proteger este planeta, no qual os sonhos da Terra possam ser compreendidos e conjuntamente continuar a ser desenvolvidos. Que o sonho de uma cultura de cooperação se possa cumprir.

Palavras Finais

Após ter concluído o meu livro por completo, entrei uma última vez em oração. Liguei-me com a totalidade do começo do livro. Fechei os olhos e escutei dentro de mim, se havia ainda algo a fazer ou a dizer. Que palavras finais poderia eu dar aos leitores e a mim mesma, que nos ajudasse no percorrer do caminho para uma vivência duradoura em ligação com uma sabedoria de existência universal? Como chegaríamos aos espaços de existência que nos possibilitariam, em tudo com que nos deparamos, poder ler os sinais? Não vivemos numa cultura e sociedade na qual é fácil viver livremente e levar uma existência amorosa. Que há a fazer nos dias de hoje para estabelecer essa ligação duradoura? Os seguintes três pequenos textos apareceram-me como resposta e como oferta. Depois de ter recebido os dois primeiros textos, de certo modo como um anúncio *da Deusa,* juntaram-se no terceiro texto mais uma vez todos os desejos, anseios e esperanças em mim, num último apelo. Aqui, sou ao mesmo tempo a invocadora e a médium. É o apelo à comunidade de todos os amantes, é como se a Deusa chamasse através de mim e quisesse expressamente enviar à volta do mundo esta mensagem como uma carta, para que daí pudesse surgir uma nova e eficaz energia pacífica.

A Fonte

Consegues imaginar um biótopo florescente separado da sua fonte? Cada jardim florido vive da sua fonte. No fundo desta fonte há sempre alimento. Ela não aumenta, ela não diminui. Não necessita de nenhum esforço para que o jardim floresça. Só quando a fonte é retirada, murcha também a vida no biótopo ou esta tem de ser alimentada artificialmente. O ser humano que quer desprender a alma do mundo da sua vida, comporta-se como uma planta que se separa da sua fonte.

O Ego surge, um pedaço de vida separado, que está separado da fonte e que acredita agora ser a própria fonte. O Ego começa a dar em doido. Por algum tempo ainda tem recursos, dos quais se alimenta. Mas a certa altura estes serão esgotados, e este não encontra mais nenhum solo primordial do qual se possa alimentar eternamente. Buscará então para si alimentação artificial, inchando até se ter também tornado insípido. Nenhuma alimentação artificial contém o mana da vida eterna.

Mas o ser humano encontra-se e vive na face da eternidade. Eventualmente terá de voltar à fonte, seja nesta vida ou na próxima, para poder sobreviver. Ele terá de desistir da sua dança de fanctoche com a qual tenta provar ao mundo que também sabe quem é.

Sem a fonte não podes durar eternamente. Falta na tua vida o sentido que lhe dá energia e respiração. Ligado com a fonte és completa – e não tens de provar nada a ninguém.

Ligado à fonte não existe qualquer esforço ou tédio, nenhuma preguiça excessiva ou qualquer actividade cansativa. Sabes quando tens de te manter parada e quando tens de agir. Com grande precisão a tua obra executa-se através de ti, pois tu és a obra que quer ser cumprida.

A tua necessidade interior é a tua energia impulsionadora.

Vais ficar surpreendida com que precisão sabes aquilo que há a fazer, quando deixares eventualmente de dançar a dança do macaco do teu ego, que te convence que isto é demasiado difícil e aquilo demasiado banal, e isto muito estúpido e aquilo muito superior a ti.

A tua fonte sabe o que necessitas; deves segui-la e beber dela. Não te será exigido nada que não possas fazer. Em ligação com a fonte, a tua vida adquire o seu sentido e beleza originais.

A Fonte e o Eros

É *impossível seguir o caminho do amor livre e erótico, quando pretendes apenas permanecer à superfície. A tentativa mais corajosa de permanecer mais leve, tornar-te-á mais e mais pesada. Este caminho não provém do fundo de uma alma humana.*

A sexualidade é a fonte primordial do ser humano. Ela é o local de geração do qual todos os seres humanos provêm. É um pecado original querer desprender esta fonte natural da vida ou querer submetê-la a regras e a leis falsas. O fluxo de energia do Eros exige de ti que lhe abras o caminho do coração. Não se trata de uma questão de relação a dois ou de amor livre. É o próprio fluxo de energia da sexualidade que quer abrir este caminho. Também não é uma questão de frequência de contactos sexuais. O Eros é a fonte primordial do ser humano, da qual ele vive, retira, pensa e se reabastece.

Até que ponto estás ligada com este fundamento ancestral, decide sobre a vida que levas. Este decide sobre a saúde e a doença, resignação ou força de acção, amor ou ódio. Decide sobre se segues o vício ou se aprendes a agir através de uma riqueza interior.

A tua fonte exige a tua profundidade, a tua abertura e um objectivo. Ela não pode ser utilizada se não conheceres o teu objectivo interior. Ela não pode fluir, enquanto requeres apenas sexualidade e relações desconectadas do teu objectivo. Ligado ao teu objectivo e ao de todos os amantes, a tua existência encontra o seu sentido e a sua realização.

O Eros é universal e não se deixa aprisionar em relações ou desejos egoístas. O Eros só se pode realizar enquanto o ser humano viver, trabalhar e pensar através da ligação com o mundo. Sem isso, não pode haver continuidade nem verdadeira realização.

Se estiveres ligada com a tua verdade e o teu objectivo, então a tua fonte pode fluir certeiramente, pode ultrapassar apuros, despojará atritos e resistências e abrirá também barragens artifíciais com a sua força branda, para que possa continuar a fluir.

Volta para esta profundidade do teu ser, antes de procurares na superfície a realização sexual.

Não existe nenhum amor e nenhuma sexualidade curativa sem a ligação com o coração, com o mundo e a com a tua tarefa. Encontra-a de novo e vais conseguir muito mais facilmente beber da tua fonte. Algumas mágoas de amor desaparerão por si mesmas.

E não te esqueças que a tua fonte conhece o seu objectivo. Então, presta atenção a ti e ao mundo, mais profundamente do que alguma vez já te atreveste. Usa o espírito da comunidade para o fazer.

Incitação à Comunidade de Todos os Amantes

Que razão há ainda para tomar parte naquilo que produz infelicidade em nós e nos outros? Parem com a loucura da cumplicidade.

Levamos uma vida de consumo, pela qual milhões de pessoas são escravizadas. Escolhemos perfumes para agradar ao nosso namorado – e fechamos os olhos a que para isso tenham sido mortos animais.

Enquanto discutimos em congressos, o mundo lá fora está a perecer.

A indiferença é a nova forma de brutalidade.

Num mundo assim, não podemos continuar felizes por muito mais tempo.

O amor começa com a própria cura da loucura.

Parem com a loucura da normalidade.

Parem com o massacre de pessoas.

Parem o massacre de animais.

Parem com a destruição de pastagens, campos, florestas, ribeiros, lagos e mares, que na realidade foram criados para ali comemorarmos as nossas festas do amor. Todos os seres vivos têm o direito à vida.

Este planeta foi criado como pátria para todas as criaturas. Nele não existem quaisquer fronteiras ou direitos privados para os ricos.

Na procura da felicidade perdida, queremos reencontrar a amizade internacional e a família do coração, que vive, age e pensa para a paz neste planeta. A grande família é uma família de plantas, animais e seres humanos.

O nosso poder começa com a saída do estado de impotência.

Não nos deixemos convencer por mais tempo que não podemos fazer nada. Não nos deixemos convencer por mais tempo que tudo aquilo que acontece tem um sentido. Não nos deixemos convencer por mais tempo que a adaptação a este mundo serve o nosso bem.

Não nos deixemos aprisonar por mais tempo nas noções burguesas sobre o trabalho e o futuro. Não nos deixemos aprisionar por mais tempo na mentira infinita da moral dupla da burguesia.

Não nos deixemos aprisionar por mais tempo na gaiola burguesa das pequenas relações amorosas, através das quais fechamos as portas às grandes possibilidades de amor deste mundo. Deixemo-nos sair das gaiolas privadas do amor, que não é amor nenhum, e entrar na liberdade do amor. Deixemo-nos compreender, que este mundo podia ser um romance – e que esta possibilidade ainda está nas nossas mãos.

Tomamos parte na guerra global quando confundimos amor com posse, pois aí acreditamos que nos temos de defender dos outros.

Abandonemos esta loucura da eterna desconfiança, através da qual não pode surgir a energia de cura para uma revolução positiva. Entremos na verdade e solidariedade entre homens e mulheres. Deixemo-nos juntos construir a confiança de que todos necessitamos para a nossa cura. Criemos lugares onde possamos de novo confiar na voz do nosso coração.

Econtremos juntos novas canções, palavras e acções para a construção de um mundo com uma vida digna.

Ao serviço do carinho por tudo o que tem pele e pêlo, em nome do amor por todas as criaturas.

BIBLIOGRAFIA

A maioria dos livros referidos por Sabine Lichtenfels na sua obra «Traumsteine» (Pedras de Sonho) não estão, tanto quanto sabemos, disponíveis em língua portuguesa. Decidimos, no entanto, referi-los com os títulos no idioma alemão, de modo a que os leitores/as leitoras interessados possam ter um ponto de partida para uma pesquisa futura.

Pierre Teilhard de Chardin: *Der Mensch im Kosmos.* München 1988

Hans DeBoer: *Gesegnete Unruhe. Das Bekenntnis eines frommen Provokateurs.* Gotinga 1995

Dieter Duhm: *Politische Texte für eine gewaltfreie Erde.* Belzig 1992

Dieter Duhm: *Eros Unredeemed.* Belzig 2010

Riane Eisler: *Kelch und Schwert. Von der Herrschaft zur Partnerschaft.* (Cálice e Espada. Do Domínio à Parceria) München 1989

Funde in Portugal. Sternstunden der Archäologie. Editado por Hermanfrid Schubart/Achim Arbeiter/Sabine Noack-Haley, Zürich 1993

Eluan Ghazal: *Schlangenkult und Tempelliebe. Sakrale Erotik in archaischen Gesellschaften.* Berlin 1995

Marija Gimbutas: *Die Sprache der Göttin.* Frankfurt/Main 1995

Marija Gimbutas: *Die Zivilisation der Göttin.* Frankfurt/Main 1996

Heide Göttner-Abendroth: *Das Matriarchat. Stammesgesellschaften in Ostasien, Ozeanien, Amerika.* Stuttgart, Berlin, Köln 1991

Herbert Gottschalk: *Lexikon der Mythologie.* Berlin 1993

Elisabeth Gould-Davis: *Am Anfag war die Frau. Die neue Zivilisationsgeschichte aus weiblicher Sicht.* München 1980

I-Ging. Das Orakel- und Weisheitsbuch Chinas. Augsburg 1994

Sabine Lichtenfels: *Der Hunger hinter dem Schweigen. Annäherung an sexuelle und spirituelle Wirklichkeiten.* Belzig 1992

Sabine Lichtenfels: *Weiche Macht. Perspektiven für ein neues Frauenbewusstsein und eine neue Liebe zu den Männern.* Belzig 1995

Sigrid Neubert: *Die Tempel von Malta. Das Mysterium der Megalithbauten.* Text von Sybille von Reden, Bergisch Gladbach 1988

Safi Nidiaye: *Magisch Reisen – Portugal.* München 1992

Monica Sjöö, Barbara Mor: *Wiederkehr der Göttin: Die Religion der großen kosmischen Mutter und ihre Vertreibung durch den Vatergott.* Braunschweig 1985

Barbara G. Walter: *Das geheime Wissen der Frauen.* Frankfurt/Main 1993

Considerações Finais

Em Tamera (Portugal) foi fundado o «Instituto para o Trabalho de Paz Global» (IGP). A perspectiva de vida descrita neste livro impulsiona pensamentos no sentido de uma cultura de paz digna de ser vivida e, impregnada pela participação e assistência relativamente a todos os seres vivos. Oferece também uma compreensão da orientação na investigação da arqueologia espiritual, representada pela autora no âmbito do IGP.
O IGP propôs-se como objectivos investigar, reunir e realizar um conhecimento para a paz.

Se queremos sobreviver às crises ecológicas e sociais que nós próprios provocámos, somos obrigados a permitir empreendimentos comunitários completamente novos. A espécie humana precisa de um novo conceito de comunidade para a sua existência no planeta Terra. A paz não é uma reforma, mas a mais completa revolução das nossas relações vitais. Precisamos de uma nova integração na totalidade da criação, uma nova ordem da comunidade humana, um novo conceito para sexualidade e amor, uma nova tecnologia que coopere com a natureza e uma compreensão fundamental de todas as outras co-criaturas.

Precisamos de apoio financeiro.
Invista connosco:
Não mais em armamento, mas na paz.
Não mais na medicina que cria a sua cura através da exploração e matança de outras criaturas, mas antes numa aposta de cura que, novamente, possibilite o acordar das energias de auto-cura do organismo.
Não mais numa cultura de opressão sexual, mas numa cultura de amor sensual e de lealdade fundamentada na verdade e na confiança.

Não mais numa cultura de cumplicidade e de consumo, mas numa cultura de compaixão e de cooperação.

Para mais Informações:
IGP • Tamera • Monte do Cerro
P-7630 Colos • Portugal
igp@tamera.org • www.tamera.org

Quem quiser apoiar o nosso trabalho pode fazer um donativo na seguinte conta:

Fundação GRACE
Contas Bancárias na Suíça para donativos:

Para transferência em Euros:
Raiffeisenbank Zürich
Conta bancária: Grace-Stiftung zur Humanisierung des Geldes, Zürich
NIB: 92188.69 • IBAN: CH9881487000009218869
BIC: RAIFCH22

Para transferência em Francos Suíços:
Raiffeisenbank Zürich
Conta bancária: Grace-Stiftung zur Humanisierung des Geldes, Zürich
NIB: 92188.56 • IBAN: CH6181487000009218856
BIC: RAIFCH22

Livros Recomendados

Leila Dregger
TAMERA
Um Modelo para o Futuro

Este livro procura esclarecer o estado actual de realização em Tamera/Portugal, incidindo em três áreas centrais: Permacultura e a Paisagem Aquática, Tecnologia Solar e Formação para Paz.

ISBN 978-3-927266-28-5

GLOBAL CAMPUS STUDY TEXTS
A Terra precisa de informação nova!
Estas brochuras apresentam uma perspectiva sobre as questões de estudo da "Escola do Futuro".
Contactar IGP para aquisição:

- 102-02   Um Novo Campo da Mulher
- 202-02   Graça e Amor Livre
- 401-02   O Segredo da Água – A Base para um Novo Mundo
- 801-02   Além de 2012
- 602-02   O Manifesto de Tamera
- 502-02   A Sociedade de Guerra e a sua Transformação

www.ingramcontent.com/pod-product-compliance
Lightning Source LLC
Chambersburg PA
CBHW030240170426
43202CB00007B/62